SERGE HUTIN

A TRADIÇÃO ALQUÍMICA

A pedra filosofal e o elixir da longa vida

Tradução de
FREDERICO OZANAM PESSOA DE BARROS

EDITORA PENSAMENTO
SÃO PAULO

Título do original:
LA TRADITION ALCHIMIQUE
Pierre philosophale et élixir de longue vie

Edição
9 8 7 6 5 4 3 2 1

Ano
3 4 5 6 7 8 9

Impresso em nossas oficinas gráficas.

Sumário

A Jacques Henri LAMOUR,
em testemunho de amizade.

A tradição alquímica (bico-de-pena de Michel Mille)

Introdução

Tudo se passa como se estivéssemos presenciando uma fascinação crescente pela alquimia — não apenas como simples curiosidade, muito compreensível, do grande público por um assunto carregado de mistério e de lendas, mas entre os homens e mulheres de cultura, mesmo entre pessoas que receberam formação científica. Se grandes sábios do século passado — como Kékulé, Chevreul ou Marcelin Berthelot — interessaram-se tanto pela alquimia, a atitude dominante do saber positivo era, contudo, a de colocar a alquimia entre os devaneios ultrapassados.

À medida que o nosso século XX se aproxima do fim, constata-se um fenômeno inverso: a alquimia interessa a um número sempre crescente de cientistas, muito especialmente (e isso é significativo) entre os jovens, sejam eles médicos, físicos, químicos, engenheiros ou técnicos.

Isso quer dizer que o fascínio pela alquimia não constitui uma moda passageira, destinada a desaparecer quando outros assuntos apaixonantes se apresentarem à curiosidade pública. Daí o interesse em discorrer, uma vez mais, sobre a alquimia tradicional, confrontando-a, muito especialmente, com a ciência e a técnica positivas. Mesmo se os limites entre as perspectivas diretoras permanecerem irremediáveis, esse confronto não será menos rico de lições.

"O alquimista cabalista" (Gravura anônima, cerca de 1650).
Notar uma série de símbolos: a bolsa e as moedas; a máscara (sobre o peito); a serpente (forma do pescoço); as grandes orelhas do personagem; a espada presa pela boca, com a lâmina terminada em três flores; o relógio; o esquadro e o compasso (no chão, à esquerda do personagem).

Capítulo I

Origem e história da alquimia

1. A metalurgia sagrada

O trabalho dos metais, impossível sem o domínio do fogo, ficou durante muito tempo associado a uma atração, a uma obsessão mágica, a uma fascinação ambivalente.

Do trabalho secreto dos metais (fabricação de armas e de utensílios), etapas graduais podiam levar — isso acontecerá tanto na China como no Egito (duas regiões de prestígio que disputam entre si o nascimento da *arte sagrada*) — a práticas que não teriam mais finalidades "utilitárias" [1] para o grupo, mas que se tornaram apanágio de uma categoria de pessoas ligadas ao exercício do sacerdócio. Parece fora de dúvida que em certos santuários do antigo Egito (principalmente em Mênfis), os sacerdotes teriam praticado a alquimia, como aconteceu com os primeiros adeptos taoístas chineses.

2. Alexandria

O aparecimento histórico da alquimia tradicional tal como a conhecemos e a revelação de sua existência situam-se, contudo, numa época mais remota, estendendo-se, mais ou menos, do início do século III da era cristã até o começo do século VI. Datam desse período os primeiros manuscritos egípcios conhecidos, escritos, não em hieróglifos, mas em grego ou em copta.

É principalmente em Alexandria que a alquimia é praticada durante esse período. Em relação à fase anterior — a da alquimia

1. Modo de falar, pois essas técnicas dos ferreiros sagrados inseriam-se numa perspectiva de sacralização do ofício.

O Ouroboros (de acordo com um manuscrito conservado em Veneza).

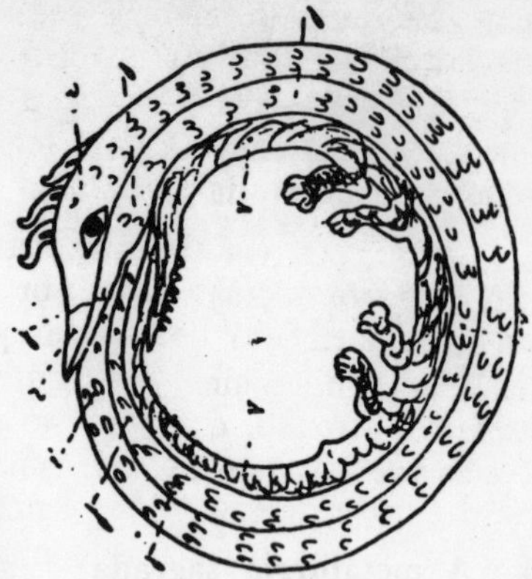

Encontra-se o **Ouroboros** nesta figura astrológica do Bénin (Dahomey). Influência longínqua ou, mais simplesmente, semelhança psíquica?...

praticada por uma classe especial — nota-se não uma "laicização" (esta palavra seria muito anacrônica) das pesquisas, mas seu exercício por homens e mulheres que não são mais os servos ligados a um santuário. Se alguns desses alquimistas ainda são pagãos [2], outros são cristãos e, dentre estes, alguns são membros de seitas gnósticas. Mas todos já se empenham em atingir objetivos fundamentais que, até nossos dias, continuarão a ser os da alquimia: a pesquisa da transmutação metálica, associada à de uma iluminação que revele ao adepto os segredos divinos das leis cósmicas, e a procura do elixir da longa vida, com vistas à vitória sobre as doenças, o envelhecimento e a morte [3].

É costume considerar a alquimia chinesa, que surgiu no Celeste Império vários séculos antes da era cristã (de fato, com o advento e a difusão do século III), como algo que se desenvolveu

2. Confessamos que não gostamos desse termo, consagrado pelo uso mas tão injusto para com os cultos antigos.

3. Ver o capítulo seguinte.

num vaso fechado, embora seus objetivos tenham sido — sob uma linguagem diferente — os mesmos dos alquimistas ocidentais. Pessoalmente, não achamos que a separação entre o mundo mediterrâneo e o Extremo Oriente tenha sido tão radical e tão absoluta como se pensou durante tanto tempo.

Tanto por via terrestre (a famosa "rota da seda", passando pelo Irã e a Índia) como por via marítima, o Império Romano serviu de elemento de ligação para as relações comerciais que se seguiram com a China. Freqüentemente, juncos chineses, percorrendo um longo circuito, chegaram ao porto de Alexandria; aliás, eles não precisavam servir-se da interminável rota que obrigava à circunavegação da África, pois existia então um canal — construído na época do faraó Necao II — que punha o mar Vermelho em comunicação com o delta do Nilo.

A existência de contatos não excluiria — muito pelo contrário — uma possibilidade de contato em outros planos, mesmo no campo dos conhecimentos ocultos.

3. Os árabes na cristandade medieval

Se a alquimia, egípcia, mas de língua grega, passou muito naturalmente da Alexandria a Bizâncio e aos venezianos, foi por intermédio dos árabes que a arte hermética deveria atingir a Cristandade ocidental. É pela Espanha — que, durante muitos séculos, ficará sob o domínio dos muçulmanos na maior parte de seu território — que se fará a principal penetração, a partir do século X. O caso da alquimia seguirá o mesmo caminho paradoxal que o da filosofia clássica: por mais estranho que isso possa parecer, os tratados de Aristóteles e de outros grandes autores helênicos serão conhecidos pela Europa ocidental cristã não em seu texto original, mas em versões árabes, por sua vez traduzidas do latim na Península Ibérica.

Haverá outra penetração maciça da alquimia no mundo cristão: na época das cruzadas.

O papel principal dos muçulmanos na transmissão histórica da alquimia revela-se pelo próprio nome de *alquimia* (isto é, *el-kimyâ*, "a química") e pela freqüência das palavras de origem árabe (elixir, aludel, arsênico, etc.) no vocabulário dos alquimistas europeus. Pode-se até pensar — indício revelador — que o tão longo intervalo, durante o qual os manuscritos herméticos ocidentais não serão ilus-

Túmulo do apóstolo São Tiago Maior, em Compostela.
(Arquivos fotográficos do Departamento Nacional de Turismo da Espanha; foto Arnaiz.)

trados por nenhuma figura de seres vivos (esse tipo de ilustração proliferará, pelo contrário, depois do período final da Idade Média), seria explicado pelo respeito existente entre seus primeiros inspiradores — os alquimistas árabes — no tocante à proibição corânica de representar seres humanos ou animais.

Seja como for, a alquimia mostrava-se muito bem "aclimatada" na cristandade latina a partir do século XI; nos séculos XII e XIII, ela fará parte, definitivamente, dos aspectos mais importantes da cultura européia da Idade Média. Basta, aliás, pronunciar esse nome, *Idade Média,* para ver esboçar-se imediatamente em nossa imaginação a figura pitoresca do alquimista que "trabalha" em seu laboratório [4].

4. Apogeu e declínio histórico da alquimia na Europa

Recordemos brevemente as etapas bem conhecidas dessa história.

As etapas sucessivas do desenvolvimento histórico da alquimia ocidental estão há muito tempo bem estabelecidas. Transmitida à cristandade por intermédio — em sua maior parte — dos árabes, a busca da Grande Obra integrar-se-á plenamente na civilização medieval: a figura tão pitoresca do alquimista ocupa, aí, à maravilha, seu lugar, tanto junto aos homens mais instruídos de seu tempo como no que se refere às crenças e superstições populares [5].

Longe de desaparecer da Europa com o Renascimento, a alquimia terá seu apogeu durante esse período [6], desenvolvimento que

Duas **gravuras** simbólicas da "Atalanta fugiens" (1618) de Michel Maïer.
À esquerda: o casal alquímico.
À direita: nascimento de Atenas, deusa da sabedoria. No fundo, à direita, o casamento hermético.

4. Serge Hutin, *La vie quotidienne des alchimistes au Moyen Age* (Hachette, 1977).
5. *Idem, ibidem.*
6. O mais ilustre é o do médico alquimista *Paracelso* (1493-1551).

se prolongará até meados do século XVII. É somente por volta de 1650 que o mundo dos sábios — com algumas exceções (aliás, muito longe de serem desprezíveis) — deixará, em sua maioria, de acreditar nas esperanças dos alquimistas.

Note-se bem: no que respeita a exceções, ao contrário do que se possa pensar, elas nem sempre estão entre as personalidades menores. É o caso de Leibniz, que, apresentado por seu tio (o diácono luterano Justus Jacob Leibniz) à *Sociedade Alquímica de Nuremberg* (fundada em 1654), será seu devotado secretário durante vários anos. Ele escreverá, num artigo publicado em 1710 no periódico *Miscellanea Beroliniensa* (Miscelânea Berlinense):

"Fala-se, nos documentos secretos [os da alquimia], *de uma certa matéria à qual podem legitimamente ser conferidas todas as espécies de denominações. Não há muito, fui admitido a esses mistérios, comparáveis aos de Elêusis."*

A segunda frase deixa entrever um aspecto oculto da alquimia, que não se reduzia, aos olhos de Leibniz, a uma série de receitas secretas destinadas a permitir a fabricação artificial do ouro.

No século XIX, e mesmo quando a transmutação metálica parecia irremediavelmente impossível diante da fixidez dos corpos simples, veremos um ilustre químico francês, Chevreul [7], não apenas reunir uma importante coleção de velhos livros e de manuscritos de alquimia [8], mas interessar-se não só pelo aspecto experimental das pesquisas durante tanto tempo realizadas pelos "filhos de Hermes" como pelos aspectos metafísicos e contemplativos de sua busca. Mais tarde, em plena *Belle Époque,* outro químico ilustre, Marcelin Berthelot, professor no Collège de France — paralelamente a seus próprios trabalhos — também se apaixonaria pela história da alquimia, a ponto de dedicar-se ao estudo aprofundado do grego a fim de ele próprio poder traduzir os manuscritos dos adeptos alexandrinos e bizantinos.

5. Sobrevivência atual da alquimia

Tendo sido atacada, com a descoberta das transmutações naturais ou provocadas, a teoria dos corpos simples fixos, não devemos

7. Ele morrerá com 103 anos, depois de ter tido a alegria de subir ao alto da torre Eiffel por ocasião da inauguração desse monumento.
8. Ele os legou à Biblioteca do Museu de História Natural de Paris.

admirar-nos ao ver a reabilitação do "velho sonho" dos alquimistas. Conviria, contudo, não confundir depressa demais esses dois domínios — o da ciência e o da técnica positivas de um lado e o da alquimia tradicional do outro — que se desenvolvem em esferas radicalmente diferentes, como teremos oportunidade de constatar de forma ampla [9].

O dragão hermético.
(Figura extraída da "Atalanta fugiens", de Michel Maïer, Oppenheim, 1618.)

Se a alquimia suscita uma admiração crescente a partir dos anos 50, mesmo que no campo da curiosidade do grande público, será realmente justo falar-se numa verdadeira sobrevivência dessa disciplina oculta? Por mais estranho que isso possa parecer, a resposta é afirmativa: em pleno fim do século XX, há quem ainda procure realizar a Grande Obra.

A atual sobrevivência da alquimia é efetiva no que respeita ao punhado de homens que não hesitam em "trabalhar" em laboratório; é ainda normal supor que muitas pessoas, grandemente interessadas pelos livros consagrados aos trabalhos herméticos, não deixariam — se as condições de suas vidas se tornassem mais favoráveis (porque seria preciso, infelizmente, que elas pudessem dispor para tanto do necessário lazer) — de lançar-se, elas também, à realização da Grande Obra.

O nome mais célebre entre os alquimistas contemporâneos — limitando-nos à França, o que é, evidentemente, injusto — é o do

9. Ver o capítulo seguinte.

enigmático Fulcanelli, autor destas duas obras famosas, publicadas entre as duas grandes guerras mundiais: *O mistério das catedrais* e *As moradas filosofais* [10]. Os céticos se inclinariam, por certo, de bom grado pela identificação pura e simples do misterioso adepto com o homem que se apresenta como seu fiel discípulo, como seu verdadeiro filho espiritual: Eugène *Canseliet.* Mas tal identificação dificilmente será admissível se se pensar que, por ocasião da publicação — em 1929/30 — dos dois livros assinados pelo nome de Fulcanelli, Canseliet, muito jovem então, ainda não poderia ter adquirido a imensa bagagem livresca de conhecimentos (não apenas tradicionais, mas científicos) de que os dois livros assinados por Fulcanelli davam prova.

Quem poderia então ser o enigmático Fulcanelli, esse adepto cujo nome hermético era uma combinação de *Vulcain* (Vulcão, deus grego do fogo e das forjas) com *Elie* (Elias, o profeta arrebatado ao céu, como nos diz a Bíblia, num "carro de fogo")? Nosso amigo Jacques Bergier, persuadido de ter conhecido Fulcanelli na pessoa de um engenheiro da Companhia de Gás de Paris que ele encontrou em 1937/38, confessava-nos, em contrapartida, seu fascínio pelo misterioso "Cavaleiro Branco", animador, durante a ocupação alemã, de uma rede de resistência no vale do Reno e que desapareceu misteriosamente, debaixo do nariz e das barbas da Gestapo, por ocasião do assédio ao castelo onde ele havia estabelecido seu quartel-general [11].

Mas outras identificações, algumas das quais provocariam vertigens, foram apresentadas: não haveria acaso, uma semelhança muito estranha entre os dois livros publicados por Fulcanelli e as páginas deixadas por um personagem que, na *Belle Époque,* mantinha em Paris uma importante livraria de ciências ocultas: Pierre Dujols? Seu nome completo era Dujols de Valois, porque — como seu irmão gêmeo, que viveu a maior parte do tempo na Bélgica e que também figurava no almanaque do Gotha — esse livreiro era de ascendência real, descendente dos Valois por filiação legitimada [12].

Eugène Canseliet fala a respeito do estranho convite que recebera, por volta de 1950, num castelo espanhol cujos ocupantes le-

---

10. Reeditadas por Jean-Jacques Pauvert.

11. Esse personagem foi transformado no herói do romance de Gilbert Gadoffre: *Les ordalies* (Editions du Seuil).

12. A identificação de Fulcanelli com a do desenhista Jean-Julian Champagne (que fez as gravuras da primeira edição) não é de todo convincente.

vavam uma vida (a dos grandes senhores do século XVII) estranhamente à parte de nosso século XX[13]. Juntaríamos de bom grado esse testemunho à declaração tão estranha, feita por Canseliet, de ter reencontrado seu mestre Fulcanelli — desaparecido em 1938, quando parecia ter seus setenta anos — aparentando um homem com menos de quarenta[14].

Mexemos assim num dos mais espantosos segredos da alquimia tradicional: a vitória sobre o envelhecimento do físico e sobre a própria morte[15].

Nos anos 60 também se falava muito da alquimia a propósito dos trabalhos de Armand Barbault; seu livro: "*L'or du millième matin*" (*Éditions Publications premières,* reeditado na coleção "*L'Aventure Mysterieuse", Éditions J'ai lu*) foi um dos sucessos de livraria de nossa época. É preciso notar essa persistência das velhas esperanças terapêuticas centradas em torno do famoso "ouro potável" dos alquimistas, de tão maravilhosas propriedades...

Mas não seria conveniente, agora, questionar sobre os próprios objetivos da alquimia? Quais são eles exatamente? O que pensar deles?

13. Testemunho que consta do livro de Claude Seignolle: *Invitation au château de l'étrange* (Maisonneuve et Larose, 1970, Paris).

14. *"E então,* como nos diz Canseliet, *o mestre parecia ter-se tornado bem mais jovem do que o discípulo."*

15. Ver o capítulo seguinte.

Capítulo II

Objetivos da alquimia tradicional

1. A transmutação dos metais

A definição popular da alquimia vê apenas a série de fórmulas secretas que ocultam os meios de transformar os metais "vis" em prata e em ouro. Seria arbitrário negar que os adeptos tenham visado a esse objetivo, como o atestam não só as tradições, as lendas e os próprios textos alquímicos, mas também o fato de que os "artistas" teriam efetivamente *trabalhado* em laboratório. A existência do aspecto psíquico, filosófico e espiritual da alquimia tradicional [1] — comprovada pelos textos, pela iconografia e aparelhagem que chegou até nós [2] — não exclui, em absoluto, a procura dos objetivos transmutatórios da alquimia. Seria absurdo até obstinar-se alguém em negar que esse objetivo figura entre os da alquimia tradicional: transmutações do chumbo ou do mercúrio (prata-viva) em prata, em ouro e, às vezes até — mas bem mais raramente —, num metal que apresentasse as características intermediárias entre as da prata e as do ouro (o famoso *oricalco*, cujo segredo teria sido conhecido pelos Atlantes de Platão).

Mas pensa-se que a empresa máxima da Grande Obra tenha sido mesmo a transmutação em ouro, metal precioso inalterável, que só se funde aos 1063 graus, ferve aos 2960 e que se presta tão bem ao trabalho artístico: pelo seu brilho radiante, pela sua inalterabilidade, ele é, de fato, o "rei dos metais". A transmutação em prata (a "rainha dos metais") — pela *Pequena Obra* — era considerada

1. Ver mais adiante.
2. O *Museu Germânico* de Munique, por exemplo, conserva grande número de alambiques, retortas, etc., permitindo a reconstituição de um laboratório alquímico.

uma etapa preliminar no caminho que levava à metamorfose metálica em ouro.

Quanto a essa famosa transmutação em ouro — atestada pela narração dos alquimistas que relataram as etapas de sua procura da Grande Obra, assim como pelos relatos de transmutações operadas em público — a ciência moderna não nega a sua possibilidade, mas simplesmente acha que tal realização seria, de fato, destituída de interesse. Assim, um físico, Roger Foucher, considerava que a fabricação do ouro seria realmente possível de ser realizada nos centros nucleares, tais como o de Fontenay-aux-Roses ou o de Saclay, mas que esse resultado seria absolutamente inútil, pois o ouro fabricado dessa forma custaria (segundo o cálculo mais provável) cerca de dois milhões de francos antigos o grama! Uma verificação eventual dessa possibilidade sairia, portanto, singularmente cara, bem mais que a utilização do ouro extraído das minas. O sábio acrescentava de bom grado que, se os velhos alquimistas haviam de fato pressentido a possibilidade de mudar os corpos simples uns nos outros, nada nos prova que os adeptos tenham podido — já que trabalhavam de um modo inteiramente artesanal — dispor de fontes de energia suficientemente elevadas para conseguir romper os núcleos atômicos.

A essa dura objeção de princípio, talvez fosse possível, apesar de tudo, adiantar — e alquimistas modernos tentaram isso (muito especialmente, Fulcanelli e Canseliet) — que as transmutações alquímicas não colocam em jogo uma ruptura brutal dos núcleos atômicos. Tais fatos não atestariam acaso a possibilidade de fenômenos transmutatórios que não implicariam forçosamente a colocação em jogo de fontes colossais de energia, como ocorre nos centros nucleares?

Em todo caso, a crença na possibilidade das transmutações metálicas só começou a ser posta em dúvida — e ainda por uma minoria de sábios destituída de importância — no final da Idade Média.

No século III de nossa era, é significativo o edito do imperador Diocleciano, que proibia os escritos egípcios consagrados às receitas e processos de transmutação metálica. Portanto esse imperador não só admitia essa possibilidade como temia — esta era a verdadeira razão de ser do ato — uma utilização maciça da alquimia, suscetível de colocar em perigo a moeda.

O enxofre e o mercúrio dos filósofos.
(Gravura do "Traité de la Pierre Philosophale", de Barchusen, Frankfurt, 1675.)

Na época dos alquimistas de Alexandria, ninguém hesitava em ver na *crisopéia* (transformação do chumbo em ouro) um segredo prático conhecido desde épocas imemoráveis. Cuidou-se, até, de encontrar esse segredo nas narrativas da mitologia clássica. É assim que, de acordo com o *Lexicon* de Suídas, o mito do Tosão de Ouro teria um sentido alquímico, em relação direta com a metamorfose metálica: "o Tosão de Ouro, que Jasão e os Argonautas, depois de uma viagem pelo mar Negro, na Cólquida, levaram junto com Medéia, a filha de Aetas, rei de Aea. Só que o que eles levaram *não foi absolutamente o que os poetas pretendem, mas, escrito sobre uma pele, um tratado que ensinava de que modo o ouro podia ser fabricado por meios químicos*".

De qualquer modo, as características da transmutação metálica são singularmente diferentes das ambições da física nuclear moderna. Esta, procedendo mediante a brutal ruptura do núcleo atômico, realiza, na verdade, transmutações; mas trata-se de fato, do surgimento de corpos instáveis, obtidos (e depois da colocação em jogo de energias enormes) em quantidades mínimas ou, melhor, ínfimas. A transmutação do chumbo em prata, em ouro ou em outro metal clássico nada teria de impossível, aliás, por esse meio; mas, sendo astronômico o preço de venda, essa operação não valeria a pena.

Quais são, porém, as características atribuídas às transmutações pelos próprios alquimistas?

Às transmutações minerais — objetivo da Grande Obra propriamente dita — seria preciso acrescentar a fabricação artificial de pedras preciosas (rubis, diamantes), tentada e (diz-se) com êxito por diversos alquimistas, sendo o mais famoso deles o conde de Saint-Germain.

Outro prodigioso segredo que se costuma atribuir aos alquimistas: a fabricação de lâmpadas suscetíveis de queimar durante séculos a fio. Foram até assinaladas diversas descobertas arqueológicas curiosas que testemunhariam esse achado: encontravam-se (raramente, é claro) alguns túmulos antigos nos quais ainda brilhava uma lâmpada e onde (o que é mais importante) o corpo se encontrava admiravelmente conservado, ao ponto de mostrar todas as aparências de vida. É o caso da descoberta, realizada em Roma no século XVI, do túmulo de Túlia, a filha querida de Cícero, morta em idade prematura. Aos pés do corpo da jovem, muito bem conservado, a ponto de ela parecer docemente adormecida, consumia-se uma lâmpada que uma brusca lufada de ar apagou.

Mas, em pleno século XX, casos análogos foram relatados. Um, por exemplo, relatado por Hans M. Heuer [3] e que se passa em 1930 num bairro de Budapeste. Por ocasião dos trabalhos de aterro de uma rua, a picareta de um operário choca-se contra uma laje de grande dimensão. Essa pedra é levantada e colocada de lado. Percebe-se, então, que não se tratava de outra coisa senão da pesada tampa de um sarcófago, onde repousava o corpo de uma mulher muito jovem e bela, admiravelmente conservado, ao ponto de apresentar todas as aparências de um sono normal. "*Ele estava inteiramente coberto e rodeado de um líquido claro de cor azul. Aos pés da jovem mulher brilhava uma luz clara de um branco azulado, também rodeada de um líqüido estranho. O contramestre avisou imediatamente o Museu Nacional de Budapeste. Mas os especialistas que se precipitaram até o local da descoberta chegaram tarde demais porque, pouco tempo depois da abertura do sarcófago, o misterioso líqüido azul-claro havia-se evaporado, tendo a marca do líqüido caído pouco a pouco... A luz que ainda brilhava aos pés da jovem lançara ainda alguma claridade vacilante para depois se extinguir. Não restavam no sarcófago mais do que cinzas, mas nenhum vestígio de um líqüido e de uma* lâmpada eterna.

Essa admirável conservação de cadáveres atestaria, portanto, o conhecimento antigo de segredos de embalsamamento ao lado dos

3. Artigo (tradução francesa por Ilse Luedecke) no *Astral*, n.º de dezembro de 1976.

No alto, o **athanor.** No meio e na parte inferior, os animais, simbolizando as fases da Grande Obra: o leão, a águia, a serpente, o dragão, o corvo, o pavão, o cisne, o pelicano.
(Figura extraída do "Rosarium philosophorum", de Stolcius, fim do século XVI.)

quais tanto a mumificação egípcia quanto as técnicas modernas não passariam de aproximações muito imperfeitas.

2. O rejuvenescimento e a imortalidade

O segundo dos grandes segredos da alquimia tradicional, depois da transmutação metálica, atende, de fato, a um dos mais antigos sonhos do homem: alcançar a vitória sobre o envelhecimento e a morte.

Hoje ainda essa fabulosa esperança — vencer o que parece constituir a sorte inexorável de todo homem — não cessará tão logo de fascinar as imaginações! Esse assunto merece que lhe consagremos um capítulo à parte.

3. O laboratório e o oratório

O que torna os textos alquímicos tão difíceis de serem interpretados pelo leitor moderno é o seguinte fato: as operações, os processos, as metamorfoses descritas dizem respeito, *ao mesmo tempo,* ao que o alquimista realiza em seu *laboratório* e às etapas sucessivas de uma ascese psíquica e espiritual (é o chamado trabalho de *oratório*). Esses dois aspectos são, de fato, indissociáveis, como Eugène Canseliet no-lo faz notar muito bem:

"*Ele* (o objetivo do alquimista) *consiste unicamente em merecer, na constante preocupação de purificação, o Dom de Deus, manifestado na tangível* Medicina *ou Pedra Filosofal. Assim o filósofo, ao tornar-se Adepto, penetra no plano divino, entra no eterno presente e recebe aí o Conhecimento infuso, ao mesmo tempo que o poder de prolongar sua existência sobre a terra além dos limites concedidos aos humanos.*"

A chave mais importante para tentar compreender os objetivos da alquimia, tanto no plano dos trabalhos do *laboratório* como no dos trabalhos (psíquicos e espirituais) do oratório, será sempre esta: conseguir vencer as conseqüências da queda original (a perda do verdadeiro conhecimento, como a entrada, na Terra, da doença, do envelhecimento e da morte) e fornecer os meios de uma reintegração, da regeneração, da libertação, não apenas do Homem, mas dos três reinos da Natureza.

Uma lição de alquimia no laboratório.
(Annibal Barlet: "Cours de Physique", Paris, 1653.)

4. A reintegração universal

É entre os autores dos séculos XVI e XVII, particularmente entre os rosa-cruzes, que a alquimia atinge suas ambições mais desmedidas. Não se trata mais, apenas, da salvação do adepto, *mas da salvação de todo o Cosmos,* que se quer levar de volta ao estado de perfeição que era seu antes da Queda. A *Ars Magna* é a tentativa mais grandiosa jamais concebida pelo homem [4].

Os autores rosa-crucianos desenvolveram, nessa perspectiva, toda uma *apocalíptica* hermetista, anunciando a vinda de um Elias Artista, isto é, de uma espécie de Messias coletivo, que tomou como "corpo místico" a própria Ordem da Rosa-Cruz [5].

---

4. Serge Hutin: *L'Alchimie* (Presses Universitaires de France, collection "Que sais-je?", n.º 506), capítulo 10.

5. *Le Philalèthe,* esse misterioso adepto da segunda metade do século XVII, compraz-se na evocação da Transformação do Universo em "Cidade" divina por Elias Artista (cf. Figuier: *L'Alchimie et les Alchimistes,* p. 284); Robert Ambelain é o autor que mais se esforçou por elucidar o sentido profundo, teúrgico e teosófico desse "Elias Artista" (cf. *Templiers et Rose-Croix,* Paris, 1955, Editions Adyar, pp. 99-117).

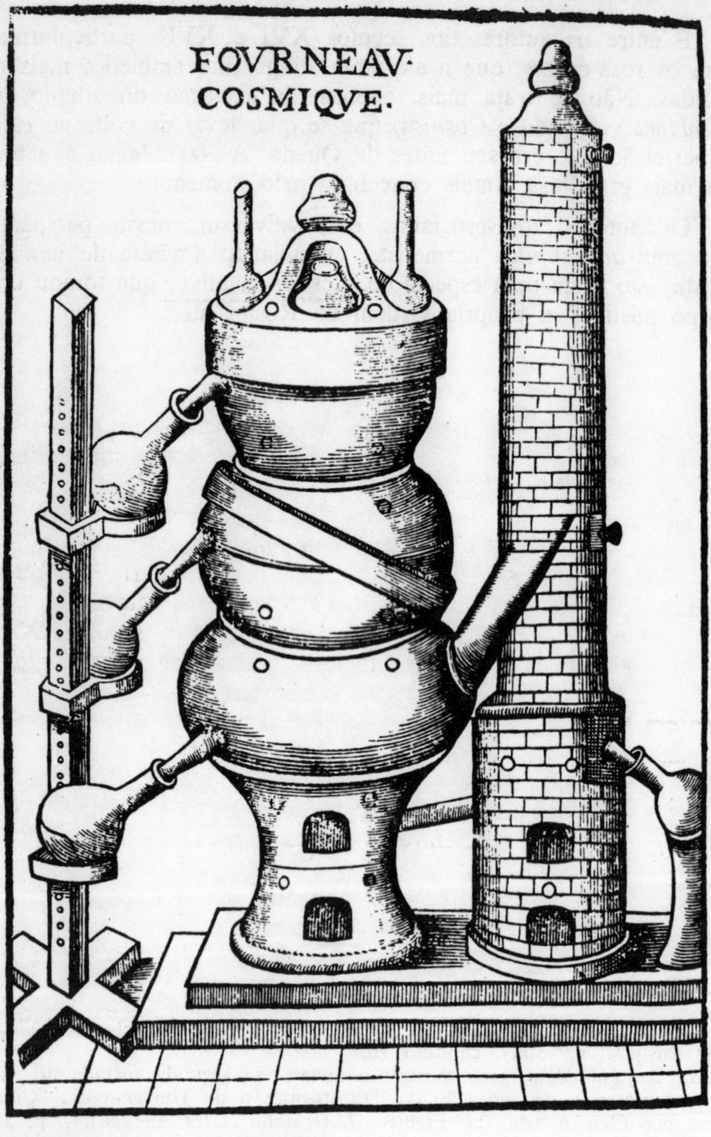

"Forno cósmico."
(Gravura extraída de uma reedição tardia, século XVII, da "Somme", de Geber.)

Capítulo III

A alquimia moderna: objetivos, meios, resultados, experiências

1. Os alquimistas de hoje

Lembro-me (parece-me que foi ontem) de um pequeno fato que evoca meus vinte anos, infelizmente já tão distantes! Meu tio materno, com o qual passeava — numa noite de primavera de 1949 — nos arredores de Saint-Germain-des-Prés, havia-me dito, ante o meu espanto ao ver passar um homem, muito simpático, vestido (de um modo muito elegante), com uma bengala curta à moda dos oficiais militares reformados de 1815, que se tratava de alguém que, deliberadamente, renegava o nosso prosaico século XX, para voltar à época em que ele tanto teria gostado de viver: aquela em que a lembrança da grandiosa epopéia napoleônica ainda era tão viva em todos os espíritos. E — informara-me meu tio — o apartamento desse "último bonapartista" de Paris não tinha nem eletricidade, nem gás e tanto os livros como as obras de arte eram todos anteriores a 1820, etc. Como compreender semelhante atitude! Não é significativo que, entre os moços e moças de hoje (1977-79), sejam tão populares as modas "*retro*"? E, se a máquina de explorar o tempo se tornasse acessível, é inegável que a maioria de nós (a começar por mim) escolheríamos ir para o passado, de preferência, a ir para o futuro, cujos efeitos satânicos já vivemos (robotização crescente dos indivíduos, poluições diversas, etc.). Contudo deveríamos classificar a sobrevivência da alquimia em plena metade do século XX, entre as evasões da imaginação, sem dúvida simpáticas, mas de fato impotentes para enfrentar o assustador *reino da quantidade* (para falar como René Guénon) que vemos implantar-se e triunfar cada vez mais? Praticar a alquimia, ter um laboratório (dublê de oratório), seria isso tão despojado de influência exterior real quanto o comportamento (por exemplo) de alguns excêntricos que, para protestar contra a crescente proliferação dos automóveis, decidissem, um belo dia, não andar mais a não ser em veículos puxados a cavalo? Querer ser alquimista em pleno século XX não seria tentar agir — aliás, com alguma chance de sucesso — como o homem que escreveu às empresas funerárias para pedir a volta dos coches fúnebres hipomóveis?

No entanto a alquimia tradicional subsiste muito bem!

A sobrevivência atual da alquimia, como já constatamos [1], é uma realidade inegável. Hoje, como outrora, os homens se lançam, com coragem e paciência, nos rastros dos adeptos de antanho, procurando, eles também, realizar a Grande Obra e não visando, absolutamente, a encontrar um refúgio para a imaginação, refúgio que lhes permitiria escapar da empresa tentacular deste tão duro mundo de hoje. Quer se trate de celebridades como Eugène Canseliet ou Armand Barbault, ou de desconhecidos desejosos de permanecer no anonimato, eles "acreditam nisso" firmemente e têm a firme esperança de ser bem-sucedidos em seus trabalhos. Eles "trabalham" no laboratório!

2. A alquimia e as transmutações nucleares

Alguém poderá observar que a expressão "alquimia moderna", que usamos de bom grado por comodidade, não é verdadeiramente exata; seria melhor dizer, de uma maneira mais longa, porém mais precisa: a alquimia tradicional *praticada por homens do nosso tempo*.

Os jornalistas e os autores de vulgarização científica, sobretudo durante o período entre 1935-39 (quando se começava a falar ao grande público das primeiras belas realizações dos físicos nucleares), preferiram usar do vocábulo "alquimia moderna" para descrever as transmutações atômicas obtidas por sábios do século XX. Seguramente, trata-se de *transmutações* que transformam este ou aquele elemento químico em outro; mas, por esse meio, a obtenção de ouro a partir do chumbo — possibilíssima por certo — não teria interesse algum, pois seria de um custo bem mais elevado que o do ouro natural. Sem dúvida, sábios nucleares — e não dos menores — não deixaram de interessar-se pela estranha "pré-história" das transmutações, que era para eles a teoria alquímica da *unidade fundamental da matéria,* tornando, por conseqüência, possível a pas-

1. Ver capítulo I, último parágrafo.

sagem (que Lavoisier e seus sucessores julgavam impossível, absurda) de um corpo químico para outro.

Não é menos verdade que a maneira pela qual os alquimistas — tanto os antigos como os modernos — procuram realizar transmutações é bem diferente dos processos utilizados pela física nuclear. Pode-se muito bem pensar que os alquimistas tenham conhecido (eles chamavam-na de *obra da morte*) a nossa desintegração violenta da matéria.

Pelo contrário, eles se prezam de apresentar sua Grande Obra não como algo que destrói as estruturas íntimas do núcleo, mas como algo que efetua uma espécie de trabalho de amadurecimento, de harmonização da matéria além do jogo dos opostos, de onde uma comparação clássica da alquimia com os trabalhos agrícolas. Como o agricultor, o alquimista não pode conseguir sucesso se não respeitar os ritmos, os ciclos naturais, seguindo-os com toda a submissão: "*Um tempo para lavrar, um tempo para semear, um tempo para colher*".

Não é, portanto, absolutamente necessário supor que os alquimistas eram capazes de realizar a desintegração do núcleo do átomo para considerá-los aptos a obter resultados palpáveis. A este respeito, poderíamos fazer um paralelo com os trabalhos de um cientista de vanguarda: Louis Kervran, que conseguiu colocar em evidência — tanto no organismo animal como no do homem — a existência de autênticos fenômenos de transmutação (por exemplo, a do potássio em cálcio) que, para se realizarem num ser vivo, não necessitam absolutamente do desprendimento de uma energia exterior e destruidora [2]. Aliás — e isto estaria ligado às perspectivas alquímicas sobre os fenômenos da vida — verificou-se que o funcionamento do organismo humano coloca em jogo ritmos, ciclos precisos que seria um erro ignorar. Citemos, por exemplo, as pesquisas do professor Pinel [3] sobre a importância capital do momento exato em que se deveria aplicar ao doente certos tratamentos destinados a impedir o declínio ou a proliferação anárquica das células.

Pode-se acaso pensar que os alquimistas conseguiram, apesar de tudo, conhecer os fenômenos de radioatividade, tais como os estudaram os sábios modernos? É digno de nota o fato de os pioneiros,

---

2. Cf., por exemplo, seu livro *Transmutations biologiques* (Maloine éditeur).

3. Ver seu livro *Les fondements de la biologie mathématique non statistique* (Maloine éditeur).

e não dos menos importantes, da física nuclear se terem interessado pela alquimia. Citemos Frédéric Soddy, que não hesitava[4] em declarar que, na sua opinião, os adeptos do passado sem dúvida haviam descoberto a radioatividade e que a alquimia nada mais era do que a herança do prodigioso saber técnico possuído, no passado, por uma civilização antediluviana. Citemos igualmente Pierre Curie — isto não é comentado nas obras de história das ciências, mas é inegável —, que não apenas se interessava pelos trabalhos dos alquimistas, mas não hesitara em "trabalhar" ele próprio. Eis, a esse respeito, o que declara o alquimista moderno Eugène Canseliet: "*As conversas que eu ouvia nas rodas de Fulcanelli não deixavam nenhuma dúvida a esse respeito* (sobre as experiências alquímicas de Pierre Curie). *Na pequena exposição cujo material forneci à Librairie du Merveilleux, à rua Condorcet, em 1975, figuraram utensílios que haviam pertencido a Pierre Curie, que passaram a Fulcanelli e que este me ofereceu*[5]."

Não deixemos de citar o belíssimo livro de Jean-Albert de Broglie: *Le sablier d'or* ["A ampulheta de ouro"][6], obra de um eminente físico que também não se envergonhava de considerar a alquimia tradicional como um campo fascinante e não como uma enorme trapaça ou como um logro multissecular.

Mas detenhamo-nos um pouco nos resultados e nos métodos que, ainda hoje, caracterizam a pesquisa alquímica. Que fazem, afinal, os alquimistas? Que procuram eles ainda?

3. O laboratório alquímico

O que impressiona, na alquimia, é seu caráter artesanal, em total contraste — e quanto! — com os grandes centros modernos de física nuclear, tão amplos e tão complexos. Pensaríamos de bom grado — e a comparação não é muito remota, pois a homeopatia, muito antes de Hahnemann (seu fundador), estaria ligada de fato a Paracelso (o grande médico alquimista da Renascença) — no contraste entre, de um lado, o gabinete de um homeopata (apenas com livros e pequenos frascos) e, por exemplo, o grande serviço de cardiologia num hospital ultramoderno.

4. Em seu livro *Le radium* (Félix Alcan éditeur).
5. R. Amadou, *Le Feu du Soleil,* p. 63.
6. Flammarion.

Laboratório, fornos, instrumentos.
(Gravuras extraídas de um tratado anônimo, Alemanha, fins do século XVI.)

O alquimista só utiliza instrumentos simples e artesanais: cadinhos, retortas, alambiques, pinças, foles, etc. A alquimia, arte tradicional por excelência, não evoluiu praticamente através dos séculos. Para constatar isso de uma forma evidente, basta comparar os documentos iconográficos (desenhos, pinturas e gravuras e, depois, em nossos dias, as fotografias) que mostram o alquimista em seu laboratório; se as roupas dos personagens mudam no correr dos séculos, de acordo com os sucessivos modos de vestir, a disposição do laboratório e os aparelhos utilizados continuam exatamente os mesmos.

Ao contrário da física nuclear, a alquimia não evolui; ela continua sempre semelhante a si mesma, tanto por seu modo de agir quanto por seus objetivos. Aliás, como poderia ela se modificar, se

"A oficina alquímica" de Utrecht.
(Gravura holandesa, cerca de 1660.)

O laboratório de um "soprador".
(Estampa satírica de Breughel, o Velho, fins do século XVI.)

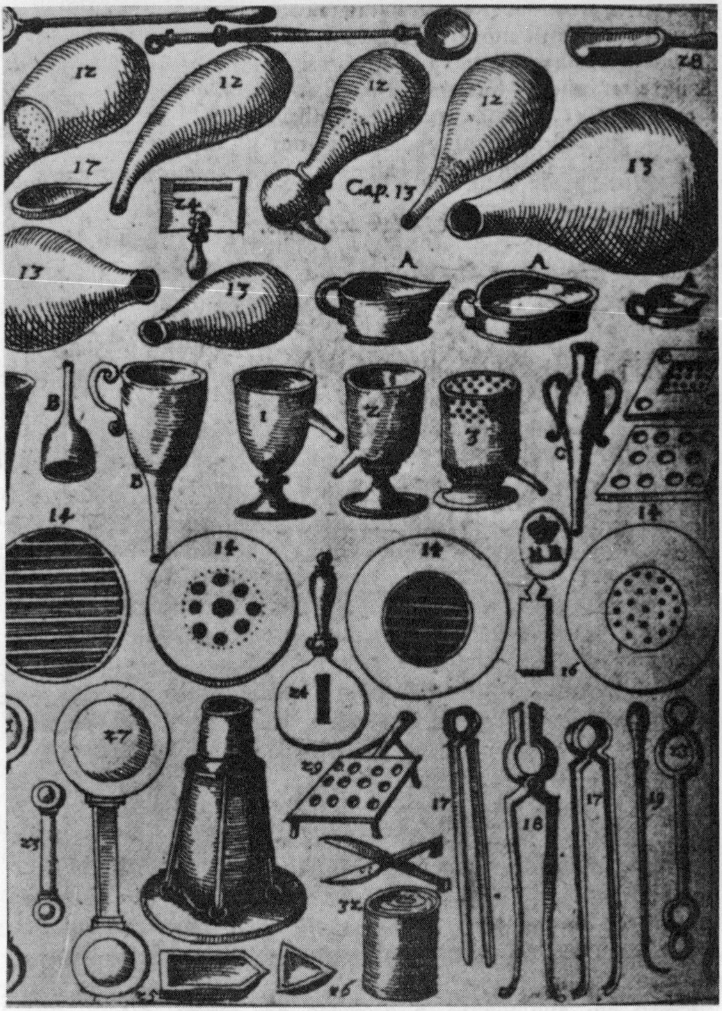

Utensílios e instrumentos alquímicos.
(Mylius: "Basilica philosophica", Frankfurt, 1627.)

se apresenta a nós como um conhecimento perfeito desde a sua origem, total, divina, transmitida por uma cadeia ininterrupta de mestres infalíveis?

4. Os dois caminhos

Distinguem-se, comumente, dois caminhos: a *via úmida* e a *via seca*. O que poderia parecer uma terceira via (a via "diretíssima") não constitui senão uma variante da segunda.

Quais são essas duas vias?

a) *A via úmida*

A mais correntemente praticada é bastante lenta (são necessários nada menos do que quarenta dias apenas para a realização da fase terminal), mas ela só oferece um real perigo de explosão se se cometer o erro de ferver a mistura. Ela se realiza colocando-se a matéria-prima (isto é, a mistura de que é preciso partir para realizar a Grande Obra) no *ovo filosófico* [7], recipiente assim chamado por causa de sua forma. Notar-se-á essa predileção da alquimia tradicional por um simbolismo que remonta à noite dos tempos: estabelece-se a analogia entre a gestação e o nascimento do embrião, de um lado e, do outro lado, as metamorfoses sucessivas da matéria-prima até o nascimento da pedra filosofal, que se costuma comparar a uma criança que, quando sai do seio materno, deve ser alimentada e cuidada com tanta precaução [8].

Mas o ovo filosófico é descrito de dois modos, de acordo com os autores. Segundo muitos alquimistas, ele deve ser de vidro ou (de preferência) de cristal, o que permite uma observação fácil das cores sucessivas que assinalam o caminho da realização da Grande Obra.

Segundo outros, pelo contrário, entre os quais Eugène Canseliet, o ovo filosófico é de terra; é impossível, portanto, observar o que se passa em seu interior, pois seria o mesmo que interromper o processo em andamento, a gestação nas trevas. Como reconhe-

7. *Filosófico* no sentido de alquímico (os *filósofos* são os adeptos).
8. Sobre o simbolismo do ovo, ver o livro de François Ribadeau Dumas (a ser publicado pelas Éditions Dangles).

Símbolos da via úmida.
(Barchusen: "Traité de la Pierre Philosophale", Frankfurt, 1675.)

"A criança hermética" no vaso fechado (via úmida).
(Barchusen: "Traité de la Pierre Philosophale", Frankfurt, 1675.)

cer, portanto, o aparecimento, na ordem prevista, das cores sucessivas que a matéria-prima deve tomar? Por meio de vibrações sonoras características, que correspondem às sucessivas influências planetárias [9] que influirão sobre a mistura e determinarão as correspondentes nuanças que acompanham, no recipiente de material opaco [10], o aparecimento das cores sucessivas da matéria preparada.

Num e noutro caso, o ovo permanece rigorosamente fechado [11] desde o início dos trabalhos, quando nele é colocada a matéria-prima devidamente preparada; o ovo só será quebrado ao término da lenta ação, quando o alquimista estiver verdadeiramente seguro do sucesso.

b) *A via seca*

A via seca é praticada no cadinho, no qual o alquimista enfurna a matéria-prima para submetê-la à necessária cocção. Esse método — muito mais rápido que o anterior, pois a fase decisiva dos trabalhos poderá atingir o sucesso em apenas sete dias — é praticada mais raramente, embora eminentes alquimistas modernos (dentre os quais Fulcanelli e seu discípulo Canseliet) lhe atribuam um valor privilegiado e maiores chances de êxito do que ao processo anterior. Ela é bem mais perigosa, costuma-se afirmar: os perigos de explosão, bem reais na via úmida caso o alquimista cometa a imprudência de levar a mistura até a ebulição, são aqui decuplicados.

O que às vezes é chamado de *via diretíssima,* de realização quase instantânea mas tremendamente perigosa, poderia ser considerado uma variante especial da via seca. Trata-se de, mediante o uso prometéico do raio, obter — no cadinho e também no corpo do adepto — uma transformação, uma mutação, uma súbita metamorfose; ela seria mesmo capaz de fazer desaparecer o adepto, de repente, do plano terrestre da existência, para elevá-lo a um outro nível de vida, libertado das limitações tanto de espaço como de tempo.

Mas um problema capital deve ser considerado: de que ponto se deve começar para tentar realizar — por uma ou outra via —

---

9. É impossível ser alquimista sem praticar a astrologia.

10. Fazer um buraco seria destruir no ovo (seria o caso de dizer-se) a esperança do sucesso final das operações.

11. É a origem da expressão *hermeticamente fechado* (o epíteto veio do sinete que Hermes colocava no ovo filosófico).

Duas **figuras simbólicas** extraídas da "Atalanta fugiens", de Michel Maïer (1618): **à esquerda:** o alquimista, representado como um cavaleiro armado, é guiado pela Natureza em seu combate contra o Fogo;
à direita: o cervo e o unicórnio, uma das figurações do combate dos dois princípios.

A serpente (símbolo do mercúrio filosófico) destruindo-se a si mesma pela água e pelo fogo.
(Figuras extraídas do "Traité de la Pierre Philosophale", de Barchusen, fins do século XVII.)

as operações da Grande Obra? Numa palavra: qual é, afinal, a *matéria-prima* dos alquimistas?

5. A matéria-prima

Os alquimistas quiseram conservar cuidadosamente oculto o ponto de partida de seus trabalhos, mantendo em segredo o nome da substância que — convenientemente preparada — deve ser utilizada para poder-se trabalhar com êxito na obtenção da pedra filosofal. Contudo, alquimistas modernos, ao contrário de seus ancestrais, mostraram-se bem menos discretos a respeito da escolha da matéria-prima. De onde, então, é preciso começar para poder-se "trabalhar" com êxito? Roger Caro [12] parece atrair nossa atenção, depois dos alquimistas da velha China, sobre o *cinabre,* esse curioso mineral que, combinando o enxofre e o mercúrio, pareceria aliar em si os dois princípios herméticos opostos mas complementares. Jacques Sadoul [13] acha que a matéria-prima — muito cara, aliás, porque só é encontrável em algumas minas — poderia ser o mineral sulfuroso raro chamado *stibine*. Mas Eugène Canseliet não hesita em dirigir nossa atenção para a *galena* — mineral magnético tão caro aos adeptos do telégrafo sem fios anteriores à época dos postes de lâmpadas elétricas — ou para a galha do carvalho [14]. Mas, se a galena explica as gravuras alquímicas em que se vê aparecer a matéria-prima como o "ímã dos sábios", tornar-se-ia para nós muito difícil compreender o adágio paradoxal segundo o qual a matéria-prima de onde se deve começar seria tão comum, tão familiar que (diz-se) as crianças costumam brincar com ela.

6. As cores da Obra

Três cores principais são distinguidas, cujo aparecimento na ordem prescrita assinala as etapas decisivas de um pleno êxito dos trabalhos alquímicos. Primeiro, o *negro* — a "Obra em negro" —, matiz próprio da fase de putrefação, também chamado *cabeça de corvo* ou *cabeça de morto*; sem essa necessária putrefação da matéria-prima, a Grande Obra não poderia chegar a seu termo normal.

---

12. Ver, muito especialmente: *Tout le grand oeuvre photographié en couleurs* (Saint-Cyr-sur-Mer, 1969).

13. Ver seu *Trésor des alchimistes* (Paris, Publications premières, 1971, reedição, J'ai lu, 1972).

14. R. Amadou, *Le Feu du Soleil,* p. 97.

Vem depois a fase de dissolução, caracterizada pela cor *branca* tomada pela matéria-prima.

Enfim, a cor *vermelha* — a do carbúnculo, a do rubi — marcaria o triunfo do adepto, sua gloriosa obtenção da pedra em vermelho, a única que permite efetuar a transmutação dos metais vis em ouro.

Mas há também, durante o desenrolar das operações da Grande Obra, o aparecimento de cores intermediárias, assim como de duas fases em que a mistura toma uma série de nuanças matizadas: o aparecimento das cores do *arco-íris,* símbolo bíblico da Aliança entre o Céu e a Terra; o aparecimento das chamadas cores da *cauda do pavão.*

7. O "devir" da alquimia

Falar de uma evolução, de uma transformação progressiva da alquimia tradicional no correr do tempo, não teria, de fato, nenhum sentido: não se pode falar de alquimia *moderna* senão em referência à época (a nossa, e não o passado) em que o adepto "trabalha". A alquimia não sofreu, em seus objetivos como em seu desenrolar, a menor modificação de natureza entre o passado e o presente. Nisso reside uma diferença capital em relação às ciências modernas em geral e à química em particular.

Comparemos os aparelhos utilizados em diversos períodos por um sábio e aqueles de que o alquimista faz uso: entre o alquimista do passado e o de hoje, a diferença está apenas nas roupas: os *aparelhos* (de uma simplicidade artesanal) *continuam os mesmos* — enquanto a aparelhagem dos laboratórios científicos não pararam de evoluir, de modificar-se, de aperfeiçoar-se com o correr do tempo. Querer imaginar uma alquimia "modernizada" não teria mais sentido do que, por exemplo, imaginar um curandeiro — herdeiro de segredos empíricos, transmitidos de geração em geração — que pretendesse integrar-se nas perspectivas da pesquisa médica dos grandes laboratórios e dos vastos conjuntos hospitalares.

Não somente o alquimista atual se prevalece de uma visão tradicional do universo e do homem, sem relação com o saber científico, mas mesmo os adeptos que se beneficiaram de uma formação especializada (foi o caso, por exemplo, de Auriger, pseudônimo de Georges Richter, que era engenheiro químico) não puderam deixar de reconhecer a diferença total que marcava sua *busca* em relação aos objetivos do químico moderno.

Capítulo IV

A alquimia tradicional confrontada com a ciência moderna

1. Indiferença do alquimista aos imperativos científicos

O alquimista, antigo ou atual, não dá nenhuma importância aos critérios científicos modernos. Ele dá prioridade à obtenção — mesmo isolada — de fenômenos impressionantes, estranhos, excepcionais, enquanto o cientista positivo quer (*"só existe ciência no geral"*, já dizia um velho adágio) obter fenômenos que depois possam ser reproduzidos à vontade. Ele está plenamente convencido da interação — impensável para um cientista positivo — existente entre os fenômenos conseguidos na retorta ou no cadinho e as metamorfoses internas vividas pelo psiquismo do operador, assim como do paralelismo entre os fatos constatados e a intervenção nos trabalhos de fatores que se qualificariam, de bom grado, de "sobrenaturais": o papel ativo das forças psíquicas invisíveis, das potências angélicas.

Quando lemos a descrição de experiências alquímicas, o que impressiona é sempre seu caráter concreto, *artesanal*. Coloca-se na presença um do outro este ou aquele corpo e se produz esta ou aquela manifestação, sempre visível e palpável ou, pelo menos, perceptível por sinais concretos, precisos (como ocorre com as vibrações sonoras), que, na ausência de uma possibilidade de observação direta da matéria-prima [1], caracterizam o aparecimento sucessivo desta ou daquela cor. Isso não exclui, é claro, a possibilidade de pesagens precisas (a alquimia não foi, acaso, qualificada como ciência *da balança?*), com determinação das quantidades exatas que devem ser colocadas em jogo para conseguir-se esta ou aquela mani-

1. Quando o *ovo filosófico* está na terra.

Purificação do mercúrio. (Figura do "Rosário dos Filósofos" de Stolcius, Alemanha, fim do século XVI.)

festação; mas jamais o alquimista — antigo ou moderno — eleva-se ao nível de abstração atingido pelo conhecimento positivo. Isso não exclui, por outro lado, a inegável contribuição prestada pelos alquimistas ao patrimônio experimental da ciência e das técnicas: não pode jamais ser considerado pequeno o mérito do grande número de observações precisas por eles acumuladas.

2. Dívidas da química moderna para com os alquimistas

O fato de alguém se isolar na observação concreta dos fatos diretamente observáveis não exclui, de forma alguma, a obtenção de resultados importantes. Aliás, não é verdade que, por exemplo, a preparação de poderosos explosivos só foi conseguida por processos inteiramente artesanais?

Que os alquimistas foram bons observadores é algo que pode ser provado pelo número não desprezível de experiências que, praticadas por adeptos, passaram a ser incorporadas ao edifício da química moderna. Citemos — o exemplo é significativo — a experiência denominada *lâmpada filosófica* ("filosófica" = alquímica) ou *lâmpada sem chama*: se, num cristal da Boêmia, aquecermos lentamente um pouco de álcool e introduzirmos na atmosfera do vidro uma espiral de platina, vê-la-emos ficar vermelha e acender, ao mesmo tempo em que se formam o aldeído e o ácido acéticos.

Mas os alquimistas não contribuíram apenas com uma série de observações e de experiências concretas depois incorporadas à química moderna: devemos-lhes também a descoberta e a utilização de corpos importantes, tais como o cloro, o ácido sulfúrico, o antimônio, etc.

Seria necessário citar também os casos, bem mais raros, da origem alquímica de uma teoria científica. É assim que, em meados do século passado, o químico alemão Auguste Kékulé de Stradonitz — que (detalhe importante) era membro de uma sociedade secreta hermética — descobrirá certo dia, por um sonho simbólico, a chave central (o *anel de benzeno*) de todo o edifício da química orgânica, depois de mais de dez anos de pesquisas inúteis: "*Eu estava sentado à minha mesa, mas meu trabalho não progredia, porque meu pensamento estava alhures. Voltei minha poltrona na direção da lareira e adormeci. E eis que os átomos se puseram a dar cambalhotas diante de meus olhos. Meu olho mental, que se tornou mais penetrante por numerosas visões do mesmo gênero, via longas fileiras de átomos que redemoinhavam, enrodilhando-se como serpentes. E, de repente, uma dessas serpentes abocanhou a própria cauda*[2] *e eis que a estranha imagem pôs-se a turbilhonar diante de mim como que zombando. Acordei como se tivesse caído um raio a meus pés...*"

---

2. É o símbolo clássico, usado pelos alquimistas de Alexandria, do *Ouroboros* (a serpente que morde a própria cauda), símbolo da unidade da matéria.

Mas, assim como o movimento se prova caminhando, que pensar das transmutações metálicas de que se gaba a alquimia? Seriam mesmo realidades, ou, pelo contrário, engodos, mistificações, ilusões?

3. O dossiê das transmutações metálicas

O que impressiona, nos testemunhos antigos ou modernos sobre as transmutações, é a grande proporção de metal transformado com a ajuda do famoso *pó de projeção*: várias centenas de gramas, e mesmo vários quilogramas. Raymond Lulle não exclamava: *"Eu tingiria* (transmutaria) *todo o mar se ele fosse de mercúrio?"*

Existem muitos relatos de transmutações metálicas cujos fatos estão narrados com minúcias [3].

Diversas coleções — públicas ou particulares — comportam até moedas e medalhas, gravadas com símbolos alquímicos e que seriam, diz-se, feitas de prata ou de ouro "filosofal". De qualquer modo, é curioso que, ao menos pelo que se sabe, nenhum *expert* — mesmo que cético no que toca à alquimia — tenha tido a idéia de examinar atentamente esses testemunhos.

Em 1970, pudemos admirar, na casa de um colecionador parisiense, uma estatueta (de cerca de vinte centímetros de altura) representando o apóstolo São Tiago, o Maior (São Tiago de Compostela), patrono dos alquimistas cristãos: o ouro maciço de que era feita, diz-se, havia sido obtido por transmutação. O que nos havia impressionado era o peso anormal (bem maior do que o do ouro dos ourives) desse objeto. Assinalemos, também, a presença, debaixo da base da estatueta, do símbolo matemático do infinito (∞, um oito deitado). Seria para significar que o adepto pode realizar à vontade, se preciso, a transmutação de enormes quantidades de mercúrio ou de chumbo?

Em nossos dias, as transmutações alquímicas continuam a ser periodicamente constatadas e a causar espanto. Há, por exemplo, a *projeção* que teria sido realizada por Fulcanelli entre as duas guerras mundiais, num local onde antes se localizava a usina de gás de Sarcelles, diante de Eugène Canseliet e de um pequeno grupo de discípulos escolhidos.

---

3. Ver a obra de Bernard Husson: *Transmutations métalliques* (Éditions J'ai lu, 1974).

O que não deixa de despertar o ceticismo dos sábios — salvo no caso de algumas transmutações realizadas em público — é o fato de os adeptos recusarem, por princípio, um controle sério dos resultados. Atitude que se torna uma recusa categórica desde que se trata de um eventual controle dos trabalhos efetuados em laboratório: a intervenção de um observador cético — pelo menos é o que nos afirmam os alquimistas — impediria o bom êxito da Grande Obra.

Medalha de ouro alquímico, cunhada em Praga, em 1658, para comemorar uma transmutação alquímica feita pelo adepto Richthausen.

Entre as transmutações públicas recentes, há uma que muito intrigou o público: a efetuada diante das câmaras de televisão por um personagem (que depois se casou com a cantora Dalida) que afirmava ser o conde de Saint-Germain em pessoa. Eugène Canseliet não esconde, no que lhe diz respeito, seu claro ceticismo: *"Ele* (o operador) *possui um fio de ouro; é preciso um amálgama de superfície muito leve, de chumbo. Esse chumbo é fusível. Ele coloca o fio num pequeno cadinho* (onde lança salitre). *Uma pequena elevação da temperatura (...), e o salitre decapa completamente apenas o ouro*[4]."

No que nos concerne, não nos pronunciaremos a favor nem contra testemunhos desse gênero.

Não deveríamos, aqui, deixar de colocar em destaque a profunda diferença de natureza — apesar da existência inegável de um

4. R. Amadou, *Le Feu du Soleil,* p. 127.

substrato teórico comum: a unidade da matéria — entre as transmutações alquímicas e as realizadas pela física nuclear: esta, que age pela ruptura violenta do núcleo dos átomos, obtém em geral corpos instáveis e que se desintegram de uma forma espontânea; além do mais, em quantidades mínimas, ínfimas até, que se obtêm dessa forma novos corpos para colocar na tabela de Mendeleïev. Fabricar ouro pela física nuclear é, sem dúvida, possível; mas, além do fato de obter-se, por esse método, um metal radioativo (e, portanto, dificilmente utilizável), o preço de revenda seria prodigiosamente elevado. "*O ouro* — nota Bernard Husson [5] — *tem apenas um isótopo estável, cuja massa atômica é 197. Sua fabricação, que um físico contemporâneo, Roger Fouchet, avalia atualmente em* **dois milhões de francos antigos o grama** (o negrito é nosso), *não apresenta nenhum interesse...*"

As transmutações alquímicas, aliando-se à ciência moderna por um franco reconhecimento do caráter composto e complexo dos chamados corpos *simples,* permitiriam obter resultados bem mais do que rentáveis: até muitos milhares de vezes a metamorfose em ouro do peso do metal. Seria por essa razão que Nicolas Flamel pôde dispor de recursos financeiros enormes, que lhe permitiram dotar ricamente todas as fundações de caridade da capital do reino e fazer reconstruir, às suas expensas, a igreja de Saint-Jacques-la-Boucherie [6], ponto de partida parisiense das peregrinações a Compostela.

Mas há uma pergunta que os céticos não deixariam de fazer: estamos realmente seguros da verdade dos testemunhos relativos aos efeitos do *pó de projeção,* mesmo em se tratando de homens cuja boa fé pessoal não poderia ser posta em dúvida? Não haveria aí toda uma série de manipulações, de trucagens, para dizer a palavra correta, suscetíveis de enganar mesmo os observadores mais atentos? Pensamos — o paralelo nos vem logo ao espírito — nas façanhas dos grandes ilusionistas de *music-hall*: vemos, com nossos olhos, fantasmas aparecerem no palco, personagens volatilizarem-se, mulheres cortadas pela serra circular, etc., e, no entanto... há evidentemente um "truque", embora impossível de ser descoberto pelo espectador inadvertido!

No que respeita à alquimia, a existência de embustes e de manipulações fraudulentas pode, sem dúvida, ser constatada no meio

5. *Transmutations alchimiques,* p. 12-3.
6. Resta apenas a torre, atual *torre Saint-Jacques,* sob a qual estaria escondido um tesouro alquímico.

Símbolos da Grande Obra. Notar, no alto, o vaso onde se conjugam os fluxos do Sol e da Lua. No contorno, a divisa cujas iniciais formam o código VITRÍOLO.
(Basile Valentin: "Les Douze Clés de la Philosophie".)

de toda uma série de "fazedores de ouro" hábeis e sem escrúpulos. Em 1722, o químico Geoffroy, o Jovem, já havia publicado, na *Histoire de l'Académie Royale des Sciences,* uma memória divertida, mas precisa, intitulada: *Sobre as Fraudes da Pedra Filosofal.* Contudo existe uma série de declarações que, a propósito de numerosos casos de transmutações, referem-se a pessoas que nunca poderiam, sem injustiça, ser acusadas de duplicidade; houve alguns até — como o escocês Alexandre Sethon, chamado o *Cosmopolita* — que deram prova de uma coragem prodigiosa, singularmente próxima da santidade. Portanto, pessoalmente, achamos que o dossiê das transmutações alquímicas, dificilmente acessível (como reconhecemos) ao controle objetivo, retrospectivo, de nível científico, não prova absolutamente — muito pelo contrário — a impossibilidade de princípio de uma fabricação alquímica do ouro.

4. Diversas categorias de transmutações

Os alquimistas estão de acordo em distinguir duas etapas na Grande Obra: a transmutação em prata, com a ajuda da Pedra em branco, e a transmutação em ouro, operada pela Pedra Filosofal, em vermelho. Existiriam, portanto, por esse motivo, dois pós de projeção: o *pó branco,* capaz de mudar o mercúrio ou o chumbo em prata; e o *pó vermelho,* o único capaz de operar a transmutação em ouro.

Seria igualmente necessário, em alguns casos, levar em conta transmutações que podem ter sido realizadas num metal possuidor das características intermediárias entre o ouro e a prata.

Além das verdadeiras transmutações alquímicas, seria preciso também considerar os processos que permitem — no caminho da Grande Obra ou ao lado deste — realizar metamorfoses sobre quantidades mínimas (o que torna possível a fabricação de apenas alguns gramas do dito metal). Estaríamos, então, no domínio, não da verdadeira alquimia, mas daquilo que poderíamos chamar de *hiperquímica, arquimia* ou, ainda, *espagiria,* domínios não desprezíveis, por certo, muito especialmente o último, por causa de suas possíveis aplicações na medicina.

"A espagiria é a química antiga; é, simplesmente, a química[7]*."* Apesar de tudo, temos de deixar bem claro que é necessário ver aí um domínio algo diferente da química positiva moderna; como a alquimia à qual, de fato, ela está sempre ligada, a espagiria permaneceu sempre como um estágio artesanal das manipulações. O que

---

7. Definição dada por Eugène Canseliet (R. Amadou, *Le Feu du Soleil,* p. 17).

3

3

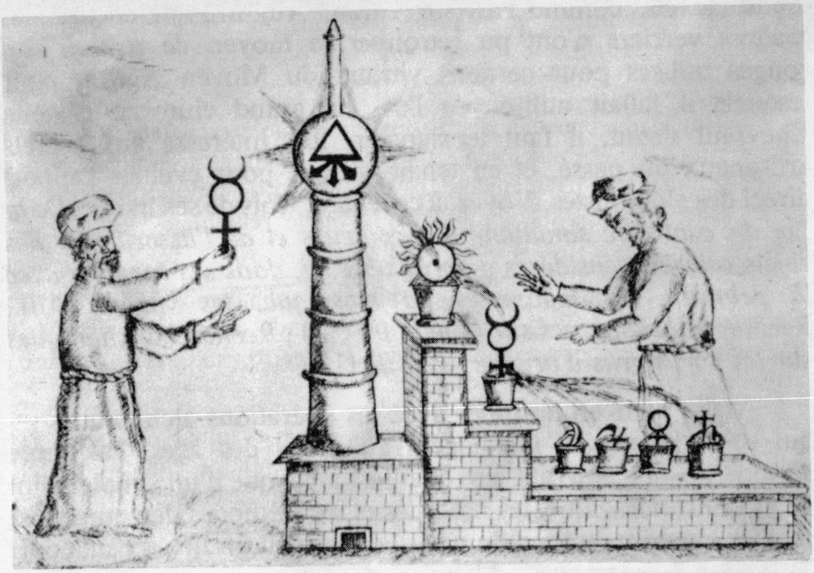

Depois de uma tríplice rotação da roda da Obra e de uma fermentação e de uma alimentação reiteradas, a Natureza do Elixir, Filho do Sol, nascido do Ovo Filosófico, é fixada por um tríplice prego. Os Reis da terra adoram o Perfeito Rei Vermelho, ou Enxofre dos Filósofos, Brilhante Senhor dos Três Reinos.
Uma vez multiplicado em quantidade e em qualidade, o Elixir demonstra suas virtudes transmudando os planetas terrestres, isto é, os metais. A multiplicação é realizada uma vez reiteradas as operações, servindo-se como sujeito da Matéria Exaltada [1].
("Speculum veritatis", século XV. Manuscrito da Biblioteca Apostólica do Vaticano.)

1. Legenda e ilustrações tiradas do livro de Stanislas Klossowski de Rola: **Alchimie** (Le Seuil, Paris).

não implica, contudo, muito pelo contrário, sua ineficácia. Não poderíamos mesmo deixar de assinalar seu papel capital no domínio da medicina.

As aplicações medicinais da espagiria não nos parecem desprezíveis, já que, por exemplo, nos países de língua germânica, os médicos utilizam, correntemente, os produtos dos laboratórios Soluna, aviados e realizados mediante processos que remontam à época de Paracelso [8].

Quanto à arquimia ou à hiperquímica, assinalemos que na *Belle Époque,* André Jollivet-Castelot [9], obedecendo às suas indicações, conseguiu fabricar quantidades, mínimas, é certo, mas reais, de ouro artificial.

Deixemos de lado o problema de uma eventual obtenção de ouro mediante processos sobrenaturais aparentados com a magia. Entraríamos, então, num campo — como, por exemplo, o das extraordinárias materializações ou desaparecimentos de objetos invocados por certos autores espíritas — por sua natureza, contrário a qualquer confronto científico concebível. É verdade que a Grande Obra alquímica, por sua própria natureza, constitui um domínio que está bem longe do rigor dos controles desejados pelo espírito científico moderno. Voltaríamos a insistir, novamente e sempre, no caráter artesanal dos segredos alquímicos, comparável aos segredos de ofício, apanágio de diversos ofícios tradicionais; houve, aliás, durante a Idade Média, interferências entre a alquimia e certas realizações técnicas devidas a "habilidades" que se conservaram ocultas, como a arte do vitral. Hoje, ainda, mestres vidreiros não puderam encontrar o meio de conseguir certos tons de vermelho usados em vitrais da Idade Média e para os quais seria necessário o uso do ouro. O grande químico Eugène Chevreul, é preciso assinalar, estava muito interessado nos segredos artesanais do passado, e levava-os em conta para avaliar a contribuição direta dos alquimistas. Vejam, a esse respeito, três de seus livros: *Da lei do contraste simultâneo das cores e da harmonia dos objetos coloridos, considerados segundo essa lei, em suas relações com a pintura, as tapeçarias, o mosaico e os vi-*

8. Ver Alexander von Bernus, *Alchimie et Médecine* (trad. francesa, com prefácio do Dr. Henri Hunwald); nova edição, por Alexis Maleg, Paris (Belfond).

9. Presidente da *Société Alchimique de France.*

trais[10]; *Pesquisas químicas sobre a tintura*[11]; *Pesquisas químicas sobre os corpos graxos de origem animal*[12].

Mas, para encerrar estas considerações sobre as operações alquímicas — que permaneceram imutáveis no correr do tempo; a alquimia "moderna" não podendo ser qualificada assim a não ser de um ponto de vista cronológico, já que os processos e os métodos continuam os mesmos desde os tempos mais remotos — vamos traçar um pequeno panorama das diferenças (fundamentais, como constataremos) entre as experiências alquímicas e o que o sábio moderno pretende realizar.

5. Os aspectos "heterodoxos" da Grande Obra alquímica

Mesmo se quisermos limitar a alquimia à grande obra mineral, constataremos logo sua total incompatibilidade em relação aos critérios científicos usuais.

Veremos, um dia — e as belas pesquisas, ditas de vanguarda, como as de Louis Kervran ou do professor Pinel parecem deixá-lo supor[13] —, o espírito científico acabar por integrar, numa nova síntese explicativa, tudo o que hoje ainda se situa à "margem" ou nas "fronteiras" do saber positivo? Esperamos firmemente que sim. Por agora, estamos ainda muito longe da concretização dessa esperança.

Então, em que os trabalhos alquímicos parecem ir além dos habituais critérios científicos de investigação? Na verdade, de diversas maneiras.

Em primeiro lugar, existe a estreita ligação estabelecida entre o sucesso dos trabalhos da Grande Obra e o percurso das etapas sucessivas da ascese interior pessoal vivida pelo adepto. Não só a história da alquimia não conhece nenhum exemplo de uma pessoa má ou perversa que tenha conseguido chegar ao estágio triunfal da transmutação dos metais, mas parece até que os autores clássicos estão concordes em pensar que, mesmo que uma pessoa indigna se apropriasse dos conhecimentos, dos segredos que conduzem ao sucesso no laboratório alquímico, ela jamais poderia fazer fortuna. Rela-

---

10. Paris (Pitois-Levrault), 1839.
11. Paris (Firmin-Didot), 1863.
12. Paris (Imprimerie nationale), 1889.
13. Ver *supra*.

tam-se, é verdade, casos em que certos adeptos, por terem falado imprudentemente, viram sua provisão de pó transmutatório roubada ou confiscada; mas, uma vez esgotada essa provisão, tornava-se impossível ao "descobridor" efetuar novas *projeções*. E estas só puderam ser produzidas em escala muito modesta (alguns gramas apenas) em relação às possibilidades teoricamente oferecidas ao homem que descobrisse, por seus trabalhos, o segredo da pedra filosofal: uma pessoa indigna não poderia, jamais, ter acesso a esse estágio.

Outra diferença, esta radical, entre a Grande Obra alquímica e a química moderna: a intervenção, na retorta ou no cadinho, de forças e de poderes invisíveis, sobrenaturais. Isso, nenhum sábio positivo teria facilidade em admitir.

A natureza inteiramente artesanal dos processos alquímicos tradicionais é, evidentemente, como já vimos, de natureza a causar um ceticismo de princípio no sábio moderno quanto à possibilidade, até para a alquimia tradicional, de obter resultados. Como, diabo, exclamaria ele, pretender obter transmutações quando não se dispõe de meios — que exigem a produção e o uso de energias colossais — para sequer manipular a própria estrutura da matéria? Contudo continua válido afirmar que o uso de processos artesanais, em muitos campos da atividade humana (a começar pela medicina), não é forçosamente condenado à ineficácia: esta réplica surge, espontânea, sob nossa pena.

Onde a alquimia se mostra tão desconcertante para o sábio moderno é também na analogia constante que o adepto pretende estabelecer entre o desenrolar das operações da Grande Obra e as fases cosmogônicas da organização do caos primordial pela Luz divina (os *dias* do Gênesis), assim como com as etapas necessárias para chegar-se ao nascimento de um novo ser vivo (a Pedra Filosofal é comparada a um recém-nascido, que é preciso fazer viver depois de devidamente levado a termo).

Trata-se de um grande erro, na verdade, comparar os trabalhos realizados pelo alquimista em seu laboratório com experiências em resumo semelhantes às operações levadas a efeito pelo químico ou pelo físico de hoje. Certamente, as perspectivas científicas evoluíram um pouco desde a época (não tão longínqua: o tão belo edifício da certeza só será iniciado na *Belle Époque*) em que o sábio, dando de ombros, colocava de bom grado a alquimia entre os velhos sonhos confusos, absurdos, que se haviam tornado caducos há muito tempo. O sábio de hoje não considera mais, absolutamente, os chamados corpos *simples* como elementos fixos, irremediavelmente fechados sobre si mesmos: nesse sentido, ele foi ao encontro (poderíamos dizer) do velho postulado teórico das transmutações alquímicas, isto é, da unidade fundamental da matéria, que estabelece a possibilidade teórica de passar de um corpo a outro. Por outro lado, não teria sido muito estranho ver a química moderna perseverar na afirmação (tão cara a Lavoisier) da absoluta estabilidade, de uma fixidez rígida das "espécies" químicas, enquanto os biólogos começavam a admitir o transformismo?

Vimos, por outro lado, que os sábios modernos admitem influência sutis, invisíveis, que seus predecessores imediatos, de ordinário, costumavam levar em muito pouca conta.

Além disto, há pontos em que a ciência moderna provou cabalmente a existência real de diversos fatores vibratórios de causas sutis, cuja importância pareceria, à primeira vista, absolutamente desproporcional (e muito) em relação aos efeitos causados. Foi possível estabelecer cientificamente, por exemplo, que bastava descobrir a freqüência vibratória crítica do cristal para, emitindo a nota correspondente, quebrar um vidro ou um vaso. De um modo mais trágico, houve a descoberta, no fim do século passado, da necessidade de quebrar o ritmo de uma tropa em marcha por ocasião da passagem por uma ponte. Isso é especialmente necessário para a travessia de pontes pênseis; a origem dessa decisão de quebrar o ritmo da marcha por ocasião de uma travessia prende-se ao trágico episódio de Angers, da ponte "de correntes" que ruiu sob o passo cadenciado dos homens que a atravessavam. Como, nessa época, a quase totalidade dos recrutas não sabia nadar, houve grande número de afogados.

Os sábios conseguiram, também, descobrir os efeitos, às vezes espetaculares, dos ultra-sons. E é talvez nesse nível que residiria a explicação da eficácia (negada *a priori* pelo nosso "bom senso" por demais cético) dos "gritos" paralisantes ou mortais de que disporiam os iniciados superiores das artes marciais.

Mas voltemos ao processo das operações da Grande Obra. Quais são as particularidades que as distinguem do conjunto de uma série de manipulações realizáveis à vontade por um experimentador que, sem ser alquimista, viesse a consultar, por acaso, um livro suficientemente claro no que toca à descrição metódica das sucessivas fases da Grande Obra?

Espelho mágico tibetano.
Notar, no alto, o tridente, símbolo tântrico do domínio sobre os três mundos.
(Madeira pintada, século XVIII: Ajit Mookerjee; foto Jeff Teasdale.)

6. Pontos capitais na realização da Grande Obra

a) O calor

O alquimista usa um forno de dimensões bastante amplas, chamado *athanor* [14]; este, em geral, é de terra refratária e pode tomar a forma de uma torre maciça mais ou menos estilizada. Mas é preciso notar que — sob pena de pôr tudo a perder, por causa da impossibilidade (ponto essencial) de regular gradualmente a temperatura — o uso do carvão é rigorosamente desaconselhado. E, apesar de a iconografia ter popularizado a imagem do alquimista atiçando o fogo de madeira com a ajuda de um fole, os adeptos parecem ter preferido fazer uso do óleo para combustível, por causa de uma possibilidade de aumentar assim, gradualmente, a temperatura, fazendo variar o número das mechas (de uma a várias) que são embebidas no líquido.

---

14. Essa palavra, como muitas outras, é de origem árabe.

Notemos também que certos alquimistas — Roger Caro, por exemplo — preconizam a obtenção do calor sem o uso de um forno; é a intervenção deste ou daquele ácido que, derramado na retorta no momento determinado, provocaria a elevação da temperatura desejada. Não se trata, de modo algum, de uma concepção absurda: todo químico sabe muito bem que nem sempre é absolutamente necessário acender um fogo ou fazer queimar um Bunsen debaixo do balão ou da retorta para conseguir calor; várias misturas podem muito bem produzir calor no interior do recipiente.

De qualquer modo, o grande erro — na via úmida, especialmente — é cometido, segundo o testemunho de alquimistas, quando se quer pular as etapas com vistas ao sucesso, aquecendo brutalmente a mistura preparada: corre-se então o risco não só de fracasso, como de uma explosão catastrófica. Para esperar ser bem sucedido, é preciso, pelo contrário, proceder de forma gradual, elevando pouco a pouco, muito devagar, a temperatura da matéria-prima. A esse propósito, os alquimistas costumam fazer a analogia, seja com a temperatura do seio materno, onde se desenvolve e se alimenta o embrião, seja com a elevação de temperatura que se produz quando o esterco de cavalo entra em fermentação.

b) A luz

Os alquimistas negam que a Grande Obra possa ser realizada durante o dia, numa luz artificial deslumbrante: o laboratório deve ser muito sombrio, iluminado apenas por uma suave vigia. À luz lunar, que é polarizada, atribui-se um papel essencial; alguns textos deixariam entender também a intervenção — mas apenas no momento decisivo — da captação repentina de um raio de sol. De qualquer modo, os alquimistas, para captar os raios da lua ou do sol, usam espelhos móveis: estes últimos figuram em diversas gravuras; foi encontrado até um certo número deles, que estão expostos em diversos museus e coleções.

c) Os ritmos

A Grande Obra, ao contrário do que acontece nas experiências químicas (as quais podem ser realizadas quando e onde se quiser, com a condição apenas de ter-se a aparelhagem adequada), deve seguir rigorosamente — por analogia direta com os ciclos terrestres — o ritmo das estações: os trabalhos devem sempre começar no equinócio da primavera. E, em seu desenrolar, o mês de maio será importante, pois é a única estação em que o alquimista poderá recolher o orvalho caído do céu.

Uma das gravuras do *Mutus Liber,* esse famoso "Livro Mudo" do século XVII, mostra a colheita do orvalho por diversos lençóis estendidos ao ar livre. Os alquimistas modernos não negligenciam de modo algum essa colheita do orvalho de maio.

Outra substância que, de acordo com os alquimistas, também seria muito preciosa é o *nostoc,* familiarmente chamado de *crachá da lua,* essa alga azul que às vezes é encontrada, de repente, espalhada pelo chão, sob a forma de massas gelatinosas.

d) Os sons

Em diversas pinturas e gravuras alquímicas, é comum a representação de instrumentos musicais (às vezes instrumentos de cordas, ou um órgão portátil, outras vezes um clarim). É porque as vibrações sonoras representam um papel capital durante as operações: produzindo esta ou aquela vibração, trata-se de suscitar no seio da matéria-prima o fenômeno, a transformação desejada. Transformando-se, evoluindo durante as fases da Grande Obra, a mistura preparada emite diversos sons, que se sucederão numa determinada ordem, que o alquimista deverá conhecer cuidadosamente.

e) As cores

No domínio visual, há cores sucessivas que a matéria-prima da Grande Obra deverá tomar [15]. Numa fase decisiva das operações, o sucesso seria assinalado pelo aparecimento de uma cristalização em forma de estrela.

Lembremos, igualmente, o princípio tradicional segundo o qual o alquimista obtém — na retorta ou no cadinho — uma espécie de modelo reduzido, animado, de nosso cosmos, com a repetição sucessiva de tudo o que ocorreu na origem do presente ciclo da terra por ocasião dos "dias" do *Gênesis.*

---

15. Ver *supra.*

f) O microcosmo astronômico

Haverá, o que é mais importante, uma reprodução em pequena escala dos fenômenos observáveis sob a abóbada celeste: os movimentos dos planetas, do sol e da lua. Eugène Canseliet contava-nos, assim, a maneira pela qual, no próprio instante em que ocorria um eclipse lunar, as etapas do fenômeno se reproduziam. Sempre essa diferença de natureza existente entre a alquimia tradicional (seja ela praticada ou não pelos homens de hoje) e a química moderna: mesmo que ele pudesse elevar-se, no plano teórico, a uma visão de conjunto, a uma síntese geral (o que justamente permitiu que os adeptos descobrissem, com vários séculos de antecedência, as bases teóricas negadas pelos fundadores da química científica, mas que, com o passar do tempo, deveriam ser aceitos pelos sábios da *Belle Époque* e, de resto, do século XX) permitindo-lhe, para além dos fenômenos particulares, criar com uma visão de conjunto leis que regessem os três reinos da natureza, o alquimista jamais pôde — e jamais poderá; caso contrário ele teria de deixar de ser um "filósofo" (no sentido hermético do termo) para tentar tornar-se um sábio positivo — passar do concreto ao abstrato. O que, aliás, faz a paradoxal superioridade histórica dos antigos alquimistas sobre os primeiros verdadeiros químicos, no sentido positivo do termo. Do ponto de vista científico, um Lavoisier, no final do século XVIII — de um ponto de vista científico —, já estava cem mil côvados acima (sem mencionar sequer os "artistas" de sua época) do universo experimental dos adeptos; contudo estes, irremediavelmente incapazes de passar para o estágio em que os fatos observados passariam do nível experimental concreto (a operação sensível banal) ao nível de abstração necessário para que as experiências pudessem integrar-se no conhecimento científico, sustentavam posições teóricas (unidade fundamental da matéria; possibilidade, portanto, de passar de um corpo químico para outro; natureza composta dos chamados "corpos simples") que, presenciadas por Berthelot no fim do século passado, passariam com o tempo a ser consideradas essenciais para os químicos e os físicos depois da descoberta da radioatividade.

Não seria por certo inexato afirmar que Lavoisier, que sem dúvida levou a cabo um bem científico imenso, tanto por suas experiências quanto por sua formulação quantitativa rigorosa, que devia permitir estabelecer, enfim, a teoria atômica da constituição da matéria, representou também — paradoxalmente — um papel retrógrado, ao fazer com que os sábios admitissem, durante três gerações,

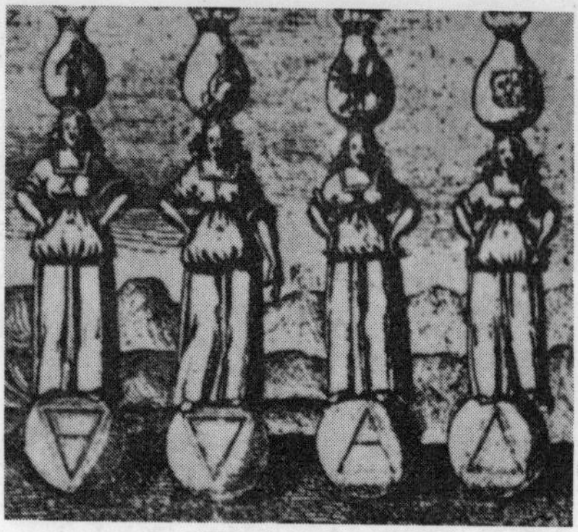

Os quatro elementos.
(Gravura extraída do "Viatorum Spagyricum" de Jamsthaler, Frankfurt, por volta de 1670.)

o dogma nefasto da impossibilidade teórica da transformação possível dos chamados corpos *simples* em outro. Desforra tardia dos velhos alquimistas, que costumam ser tratados de charlatães ou de sonhadores! Aliás, é preciso notar — isso, uma vez mais, não minimiza, de modo algum, o valor científico de suas descobertas — que Lavoisier também tivera a infelicidade, a propósito da comunicação enviada à Academia das Ciências por um bravo eclesiástico que assistira à queda de um aerólito, de concluir que o testemunho, a despeito da boa fé do observador, não justificava sequer a tentativa de fazer-se um rudimento de pesquisa científica, pois, com toda a evidência, *"pedras não podem cair do céu"*... O chamado bom-senso elementar não é, de forma alguma, infalível — muito pelo contrário — em matéria científica! Bastaria pensar, por exemplo, na objeção maior, feita na Idade Média, à teoria dos antípodas: um homem colocado de cabeça para baixo (em relação ao nosso hemisfério) não estaria — afirmava-se — numa condição fisiológica muito dificilmente compatível com a manutenção da vida em condições normais? Isso parece a própria evidência! No entanto a teoria correta da gravidade — que atrai para o centro da terra todos os seres colocados na superfície de nosso planeta — mostrou que os antípodas eram, na verdade, um falso problema, e que as antigas objeções chamadas de "bom-senso" eram absurdas (para os australianos e argentinos, nós, os europeus, é que pareceríamos estar "de cabeça para baixo"; reação tão absurda quanto a dos sábios medievais, pois é em relação ao centro da terra que os pés dos homens — para retomar uma imagem clássica — dirigem-se, atraídos pelo centro da gravidade terrestre).

g) O magnetismo terrestre

Além da captação dos raios lunares e solares, a alquimia utiliza também — isso pode ser testemunhado pelas gravuras nas quais se vê representado o *ímã dos sábios* — o magnetismo terrestre. Esse é o motivo pelo qual a realização da Grande Obra, no que toca aos países temperados (incluindo entre eles os do mundo mediterrâneo), seria mais fácil à medida que nos aproximássemos — seja no hemisfério norte, seja no hemisfério sul — das regiões polares, e que, pelo contrário, ela se tornaria muito mais difícil à medida que nos aproximássemos do equador. Aliás, esse é o motivo pelo qual seria impossível citar um único caso de alquimista que fosse capaz de "trabalhar" com êxito em laboratório nas regiões tropicais e equatoriais. Isso é tanto mais paradoxal na aparência pelo fato de os ferreiros africanos, por exemplo, conhecerem — desde tempos imemoriais — certos segredos práticos, certas habilidades que os tornavam aptos a um domínio realmente notável do trabalho dos metais.

A ciência pôde explicar o fenômeno das auroras boreais ou austrais — facilmente observáveis nas latitudes vizinhas do círculo polar, mas muito raras em nossas latitudes temperadas — como

"A água fecundante".
(Gravura do "Traité de la Pierre Philosophale", de Barchusen, Frankfurt, 1675.)

fenômenos ligados ao magnetismo terrestre. E nós, de bom grado, chamaríamos a atenção — sem tentar tomar partido a favor ou contra — para a explicação dada por Eugène Canseliet da aurora boreal que, subitamente, iluminou o céu de Paris em 1938: *"Quando meu ovo* (filosofal), *depois (. . .) de um erro de minha parte, abriu-se liberando essa força aprisionada, isso provocou quase que de imediato uma aurora boreal, a aurora boreal de 38*[16]."

7. O "dissolvente universal"

O que poderia ser o tão misterioso *alkahest* (palavra árabe, um a mais entre os múltiplos vestígios lingüísticos do papel capital representado pelos muçulmanos na transmissão da alquimia na alta Idade Média cristã) ou *solvente universal,* agente capaz de dissolver todos os corpos sobre os quais o fazem reagir? Por certo, estaríamos em condições favoráveis para fazer notar (e houve quem o fizesse) que, se o qualificativo fosse tomado em seu sentido absoluto, nenhum recipiente — em não importa que substância — poderia conter a dita substância, já que ela possui, por natureza, a propriedade de dissolver qualquer corpo, seja ele qual for! Contudo, para evitar esse aparente absurdo, basta interpretar a expressão num sentido mais relativo: aliás, acaso não sabemos — e isso há muito tempo — fabricar recipientes suscetíveis de conter, sem serem atacados ou dissolvidos, ácidos muito fortes?

Mas voltemos à nossa pergunta: qual seria, então, esse famoso *solvente universal?* Poderíamos, evidentemente, pensar numa forma particularmente concentrada deste ou daquele ácido; mas uma interpretação — aparentemente paradoxal — faria antes desse *solvente universal* uma forma concentrada da água. Notaremos que mesmo a água comum (o estudo da erosão é revelador, mesmo no campo das pequenas observações familiares) já constitui uma força singularmente poderosa na natureza, apta a transpor — se o tempo ajudar — os mais sólidos obstáculos.

Edgar Poe, que conhecia muito bem a tradição alquímica[17], descreve uma água estranha, dotada de propriedades paradoxais: *"Na verdade, não sei como farei,* diz ele, *para dar uma idéia clara da natureza desse líquido, e não posso fazê-lo sem servir-me de*

16. R. Amadou, *Le Feu du Soleil,* p. 109.
17. Pensar (este fato é revelador) nas cores simbólicas das sucessivas salas descritas no conto *A máscara da morte vermelha.*

muitas palavras. Embora essa água corresse com rapidez por todos os declives, como faria qualquer água comum, contudo, com exceção dos casos de queda e de cascata, ela nunca tinha a aparência habitual da limpidez. Todavia devo declarar que ela era tão límpida quanto qualquer água calcária que exista, e que só havia diferença na aparência. À primeira vista, e particularmente nos casos em que o declive era pouco sensível, ela se parecia um pouco, quanto à consistência, a uma solução espessa de goma arábica na água comum (...) Essa água não era incolor, mas também não era de uma cor uniforme qualquer e enquanto corria oferecia aos olhos todas as variedades possíveis da púrpura, como cambiantes e reflexos de seda furta-cor (...). Enchendo-se com essa água uma bacia qualquer, e deixando-se que ela repousasse e tomasse o seu nível, notaríamos que toda a massa de líquido era feita de certo número de veios distintos, cada um de uma cor particular; que esses veios não se misturavam e que sua coesão era perfeita relativamente às moléculas de que eles eram formados, e imperfeita relativamente aos veios vizinhos[18]*."*

Os alquimistas conheciam muito bem o seguinte processo: destilar água, fazer o mesmo com o líquido obtido e depois continuar assim um grande número de vezes. Levando-se assim a água, pacientemente, a um estado de concentração extrema, não seria normal pensar que se pudesse, do mesmo modo, usando-se meios totalmente artesanais, obter finalmente a *água pesada,* ou pelo menos um líquido que já possuísse propriedades (a corrosão, por exemplo) singularmente vizinhas desta?

8. Resultados "estranhos" por ocasião da Grande Obra

Mesmo deixando de lado o problema da realidade das transmutações metálicas, os resultados da alquimia operativa colocam em jogo a obtenção de certos resultados "estranhos", que outrora pareciam ainda inverossímeis mas que nada têm de absurdo quando confrontados com as perspectivas científicas atuais.

Há, por exemplo, a obtenção de metais dotados de propriedades diferentes do estado comum dos mesmos. Pouco antes da Segunda Guerra Mundial, os sábios se recusaram — porque essa idéia lhes

18. *Aventures d'Arthur Gordon Pym,* capítulo XVIII (tradução de Charles Baudelaire).

pareceu absurda — a examinar amostras de "ferro alquímico" que lhes foram apresentadas por um alquimista; esse ferro tinha notadamente a propriedade de tornar-se radioativo. Mas, depois, não se deveria descobrir — com as conhecidas conseqüências militares que conhecemos — a existência de *isótopos* radioativos de corpos normalmente inertes? Por que, então, não admitir que os adeptos tenham podido, há muitos séculos, mediante processos artesanais (o que, sem dúvida, resulta bem menos inverossímil do que parece), antecipar essa descoberta dos físicos nucleares?

Outro fenômeno, aparentemente inexplicável, porque contradiz o princípio químico da conservação da massa: o aumento absoluto da massa de um corpo.

Mas, a esse respeito, escreve Bernard Husson[19]:

"Esse aumento, penso, pode ser explicado facilmente pela absorção de oxigênio na prata fundida, bem conhecida pelo fenômeno de secagem durante o resfriamento consecutivo à copelação."

Seja como for, diversas testemunhas atestam o aumento inexplicável de massa no metal submetido ao agente transmutatório.

Podemos ler, num escrito anônimo intitulado *"Raras experiências sobre o espírito mineral para a preparação e a transmutação dos corpos metálicos,* de Monsieur D.[20]: *"Vi uma bala de ouro da grossura de uma bala de mosquete que pesava bem dezesseis libras. Disseram-me que, continuando a misturá-la com a essência dessa matéria, ela a tornava muito mais pesada, sem aumentar de quantidade (isto é, de volume), e depois que, umedecendo-a no óleo de Saturno, ela voltaria a ser tão leve quanto antes, sem diminuir de volume*[21]."

Os fenômenos paradoxais constatados por ocasião da grande obra alquímica poderiam ser classificados em duas categorias. De um lado, os fatos que por certo pareciam bem estranhos aos adeptos dos séculos passados, mas que foram muito bem explicados depois, de uma forma positiva, pela química moderna. Por exemplo, as arborescências cristalinas nascidas ao tratar as cinzas de diferentes corpos calcinados. Mas, de outro lado, os fenômenos que ainda hoje parecem ultrapassar o nível dos fatos cientificamente explicáveis. Há o problema das *palingenésias,* que, sem dúvida, não poderia re-

---

19. *Transmutations alchimiques* (Paris, J'ai lu), 1974, p. 50.
20. Tomo primeiro, o único publicado, Paris, 1668.
21. Cap. IV, § 17.

duzir-se ao conhecido fenômeno (muito facilmente verificável) do aparecimento repentino de estruturas cristalinas de aspecto vegetal: com efeito, os alquimistas se vangloriavam de poder obter, a partir das cinzas de uma planta incinerada por eles, uma verdadeira ressurreição — "vestindo" o espectro do vegetal calcinado — do vegetal em causa. No século XVII, o jesuíta Atanásio Kircher afirmava — com absoluta boa fé — ter constatado a realidade desse fenômeno.

Mas há outros fenômenos estranhos que também ultrapassam as possibilidades da ciência moderna ou, mesmo, que colocam em jogo uma franca violação das leis do real. É assim que o conde de Saint-Germain [22] não se vangloriava apenas de poder arrancar as impurezas de um diamante ou de outra pedra preciosa e de fabricar, quando quisesse, pedras preciosas (proeza que efetivamente se realizará, no forno elétrico, pela ciência moderna): ele afirmava ser capaz de fazer medrarem e crescerem diamantes ou outras pedras raras.

Deve-se a Robert Boyle — físico inglês, amigo de Newton, durante os anos 1660-70 — a constatação de um processo inverso daquele tão desejado pelos alquimistas: um "antielixir" permitiu-lhe, com efeito, fazer retrogradar o ouro para o estágio de chumbo. Do ponto de vista da ciência nuclear moderna, tratar-se-ia, no caso, de uma verdadeira contraprova, facilmente explicável no campo da teoria, pelo princípio da unidade fundamental da matéria, que implica a possibilidade de passar — de modo ascendente como no processo inverso — de um chamado corpo "simples" para outro.

Quanto ao próprio resultado da Grande Obra, o êxito triunfal da transmutação metálica não constituiria um fenômeno que vai além do nível científico? De um lado, a própria abundância dos testemunhos, embora emanem de testemunhas cuja boa vontade não é colocada em dúvida, não é de natureza a conseguir a adesão retrospectiva, sem hesitações, do sábio moderno. Aliás, não dispomos igualmente de um número bem mais considerável ainda de testemunhos de homens e de mulheres que viram o Diabo, descrito com precisão e minúcia, sem que esses fatos sobrenaturais possam, evidentemente, fazer parte um dia dos domínios da ciência?

Por outro lado, os resultados de que os alquimistas se ufanam ultrapassam — e de muito — o que a ciência nuclear moderna con-

22. Falamos do personagem histórico, familiar da corte de Luís XV e da Pompadour.

seguiu realizar ou o que ela afirma ser possível. Os alquimistas não pretendem ter conseguido operar transmutações numa escala prodigiosa, até milhares de vezes a quantidade de metal inicialmente tratada pelo *pó de projeção?* O adepto seria, assim, capaz de transformar em ouro enormes quantidades de chumbo ou de mercúrio, até o infinito. Aliás, é desse modo que se explicaria a súbita e insolente fortuna de Nicolas Flamel, o mais célebre dos alquimistas parisienses do fim da Idade Média. O fato coloca, aliás, um mistério, mesmo que Flamel ganhasse mais do que convenientemente sua vida com sua profissão (então muito lucrativa, quando 80% dos súditos do reino de França eram iletrados, mesmo entre os ricos) de escrivão público e por suas atividades paralelas de copista e de iluminador de manuscritos. Mas estabelecer uma dotação para todas as obras de caridade de Paris, para conseguir meios de reconstruir, do alicerce ao teto, a igreja de Saint-Jacques-de-la-Boucherie, isso ia muito além dos recursos normais do escrivão. De onde veio então, de uma só vez, todo o dinheiro distribuído em tão grande quantidade? Mesmo enquanto Flamel estava vivo, houve más línguas que afirmaram que a tão súbita fortuna do personagem ligava-se ao seguinte fato sórdido: quando da expulsão (outra vez!) dos judeus do reino de França, Nicolas Flamel teria feito com que estes assinassem documentos que lhe permitiam — na ausência dos banidos — recuperar seus créditos: feito isso, o alquimista teria transferido para seus donos uma parte muito pequena de seus bens, reservando para si a parte do leão. Mas essa acusação está longe de ser provada. Por um lado, os anais do judaísmo francês por certo não teriam deixado de registrar semelhante vilania; por outro lado, por que, diabo, os judeus da capital se teriam valido de um escrivão público (embora próspero) e não de um banqueiro? Nada nos impede, portanto, de atribuir à alquimia a origem da súbita grande fortuna de Flamel.

9. Os alquimistas: bons observadores

Nunca seria demais lembrar que os alquimistas, ao longo dos séculos, foram bons e pacientes observadores; o que os distingue logo dos químicos ou dos físicos modernos é justamente a impossibilidade (válida também para os adeptos de hoje) de terem podido elevar-se ao nível de abstração e de generalização próprias da ciência contemporânea. Falar a linguagem da alquimia operativa é sempre descrever, com precisão, fenômenos concretos, observáveis. Jamais os alquimistas —, e é isso, sem dúvida, o que os distingue tão radicalmente da ciência positiva —, conseguiram ultrapassar esse estágio concreto, artesanal, de seus trabalhos.

Os alquimistas? Bons observadores. Deveríamos repetir sempre essa fórmula lapidar. Com efeito, o estudo atento dos textos alquímicos nos provaria sempre que os adeptos — levando-se em conta certas precauções de linguagem que lhes são impostas (a começar pela escolha da matéria-prima) — sempre descrevem com precisão e minúcia os fenômenos que lhes é dado observar. Esse fato pode ser facilmente verificado pelo estudo intenso de numerosos textos escritos por alquimistas, antigos ou modernos.

Eis — exemplo significativo — uma das passagens onde, em seu romance simbólico *L'autre côté* [*"O outro lado"*] [23], Alfred Kubin (fiel amigo de Gustav Meyrink, o autor de *Golem*) descrevia uma das fases da Grande Obra: "*Algo estalou em algum lugar. Pareceu-me ouvir a queda de grânulos. Massas moles e invertebradas, de expressão feminina, nasceram. Uma força intensa as obrigava a tomar forma; pontos luminosos piscaram, milhares de sons harmoniosos atravessaram os espaços. Depois, estes se derramaram uns nos outros, para formar um magma viscoso, compacto, aquoso, brilhante. No lugar onde, ainda há pouco, o mar bramia, congelara-se uma crosta glacial que, quando rebentou, projetou para todos os lados figuras geométricas.*"

Seria facílimo multiplicar passagens desse tipo, para atestar à maravilha a minúcia das observações feitas pelos alquimistas.

Mas, que pensar ainda?

As descrições concretas dos fenômenos observados — levando-se em conta, sem dúvida, a salvaguarda de alguns pontos [24] mantidos em segredo para a prática hermética — são sempre de uma exatidão notável no que respeita às reações e metamorfoses que se sucedem no cadinho ou na retorta. Há, por exemplo, a passagem que, normalmente, deve sempre efetuar-se da fase da putrefação — caracterizada (como seu próprio nome o indica) por um horrível odor fétido — à de dissolução, "assinalada", pelo contrário, por um odor muito agradável. Isso sempre é assinalado, não só pelos tratados antigos, mas nos escritos de autores que "trabalham" na época

23. Edição francesa da Ed. Marabout (coleção "Fantastique"), 1971, pp. 242-43.

24. Mas sempre decisivos, o que impede, logo de início, qualquer possibilidade que teria um simples curioso de encontrar as chaves da Grande Obra num livro ou manuscrito que, por acaso, chegasse às suas mãos.

moderna. Vamos reproduzir outra passagem desse extraordinário livro *à clefs* que é o romance simbólico *L'autre côté,* de Alfred Kubin[25]:

"... *eles tinham levantado grandes caldeirões diante de suas casas. Noite e dia, viam-nos ocupados ao redor desses caldeirões. Aparentemente, cozinhavam ali qualquer coisa. O vento carregava vapores picantes, nauseabundos, que faziam tossir. De repente, o mau cheiro se transformou num perfume agradável*[26]."

10. A alquimia e as ondas

Segundo Eugène Canseliet, os adeptos sabiam muito bem o que esperar quanto à eficácia — no plano terrestre — das ondas vibratórias de diversas categorias, que eles chamavam de "*águas* celestes e superiores" [27].

Não seria essa intervenção que permitiria explicar o aparente paradoxo dos efeitos gerados sobre a matéria por esta ou aquela fórmula vibratória, com a condição de pronunciá-la corretamente?

Nos meios científicos, só agora é que se começam a estudar os prováveis efeitos de um desarranjo — causado por certas ondas — no campo magnético da célula: *"O bioquímico Albert Zsent Gyorgyi afirma (...) que (o câncer) se manifestaria por ocasião do desarranjo do campo magnético da célula humana*[28]*."*

Os alquimistas, sem dúvida, seriam capazes — quem sabe? — de encontrar — pelo contrário — um meio de usar de uma maneira favorável um domínio total da produção da utilização das ondas eletromagnéticas?

Para abrir um parêntese, é fácil, na verdade, dar de ombros diante da possibilidade de combater o câncer combatendo uma causa primeira que se situaria no nível de um desarranjo progressivo do equilíbrio magnético da célula. Mas esta esperança seria cientificamente absurda? Se esse substrato teórico fosse admitido pelo exame positivo, seria uma confirmação brilhante de hipóteses singularmente vizinhas do saber oculto dos alquimistas tradicionais.

---

25. Ele foi o primeiro ilustrador do *Golem.*
26. *L'autre côté,* edição francesa Marabout, p. 233.
27. *Alchimie* (Paris, Jean-Jacques Pauvert, 1964), p. 15.
28. Séverin Batfroi, *Alchimiques métamorphoses du Mercure Universel* (Éditions Guy Tredaniel, Paris, 1973), p. 210.

Mas essas esperanças da medicina heterodoxa não nos levariam de volta a esse grande sonho dos alquimistas, mais fascinante ainda — é preciso confessá-lo — do que a transmutação dos metais: uma vitória total, não apenas sobre as doenças (mesmo as consideradas incuráveis) mas sobre a velhice e sobre a própria morte?

11. Invenções prodigiosas feitas por alquimistas

Costumamos maravilhar-nos, retrospectivamente, pela maneira tão espantosa pela qual um Leonardo da Vinci estava tão à frente — e com vários séculos de antecedência — das possibilidades técnicas conhecidas em seu tempo. De onde uma legítima tentação de considerá-lo — idéia duplamente insólita, tão cara ao nosso grande amigo Jacques Bergier — quer como um homem que teria vindo do futuro, mediante um processo secreto (uma máquina? uma operação mágica?) de deslocamento para o passado [29], quer como uma alma que, depois de ter existido corporalmente no futuro, teria depois "reencarnado" muito atrás no fluxo temporal, durante o Renascimento italiano.

As invenções extraordinárias tão generosamente atribuídas aos alquimistas — além de sua eventual descoberta da transmutação metálica e do elixir da longa vida — também mereceriam um estudo especial.

Há o problema, por exemplo, das lâmpadas perpétuas, invenção atribuída aos Antigos. Mas o eco dessa invenção chegou até um período mais recente. É assim que se atribui a Raimondo de Sangro, príncipe de San Severo (1710-1771), a invenção de uma dessas lâmpadas inextinguíveis que, o que é ainda mais importante, podia iluminar à distância [30].

O conhecimento do segredo dessas lâmpadas perpétuas é atribuído aos Rosa-Cruzes, mais exatamente aos seres que alcançaram — na chamada tradição rosa-cruciana — os últimos estágios da Iluminação libertadora. Raymond Bernard, antigo Grão-Mestre da Ordem rosa-cruciana AMORC para os países de língua francesa e atual legado supremo dessa Ordem tradicional para a

---

29. Cf. Jacques Bergier, *Les maîtres secrets du temps* (Paris, J'ai lu, 1974).

30. *Un personnage de légende Raimondo de Sangro* (*in* Jacques Bergier e Georges H. Gallet, *Le Livre du mystère,* Paris, Albin Michel, 1975, pp. 221 e seguintes).

Europa, conta como viu uma forma moderna dessa lâmpada em Istambul, num templo subterrâneo secreto: "*... é dessa lâmpada que vem o dia. Ela não ofusca (...). A luz é dada, digamos, por uma espécie de desintegração do átomo no vácuo, mas numa escala infinitesimal. Imaginem uma explosão atômica "normal" e suponham que no instante em que se produz uma claridade tão fulgurante quanto a do sol, consiga-se "perpetuar" o que se produz, nesse momento, no vácuo*[31]." É verdade que não se trata, no caso, de uma lâmpada verdadeiramente perpétua como as que, diz-se, foram encontradas em alguns túmulos antigos, muitos séculos depois de sua construção: "*... essa lâmpada,* precisa Raymond Bernard, *não é eterna. Esse qualificativo lhe foi dado porque ela dura muitos anos consecutivos sem nenhuma interrupção, mas, como tudo, ela tem um fim*[32]."

Toda espécie de fatos estranhos deveriam ser citados aqui por exemplo, o encontro fortuito, na rua, de um inglês do século XVII[33] com um desconhecido (ele nunca mais o encontrou, nem conseguiu saber de quem se tratava) que usava uma bengala cujo castão incandescente podia servir, também, de isqueiro e, pelo que parecia, de uma forma indefinida. Estaríamos inclinados — correndo o risco de aventurar-nos em cheio no domínio da "ficção científica retrospectiva" — a pensar no uso de uma parcela de substância radioativa.

Nossa admiração aumenta quando Roger Bacon, célebre monge alquimista do século XIII (a passagem em questão encontra-se em suas obras manuscritas, bem conhecidas dos medievalistas), declara, textualmente, conhecer o meio de fazer vogar sobre o oceano navios que, sem remos nem velas e com uma tripulação muito reduzida, utilizariam, como meio de propulsão, a energia contida numa pequeníssima quantidade de matéria; e tais navios poderiam, além do mais, navegar tanto à superfície das águas quanto nas profundezas do mar. Não podemos, evidentemente, deixar de pensar aqui nos grandes submarinos de propulsão nuclear.

É verdade que a história das ciências e das técnicas, por menos que queiramos enfronhar-nos em sua pesquisa, mostrar-se-ia muito rica de estranhos "pressentimentos" das descobertas modernas. Basta pensar em Heron, sábio grego de Alexandria que, na época dos Ptolomeus, já havia concebido e verificado (em modelos reduzidos

31. *Rencontres avec l'insolite* (Villeneuve-Saint-Georges, Éditions rosicruciennes, 1970), p. 64.
32. *Ibid.*
33. John Evelyn, que fala a esse respeito em seu *Journal.*

movidos a vapor) o princípio da propulsão por reação; ou, então, no pitagórico Archytas, de Tarento, que fez voar uma pomba de madeira, que ele podia — o que é mais importante — comandar à distância.

Diante de prefigurações às vezes tão espantosas — entre os alquimistas como entre os homens do passado — de descobertas modernas (sem falar sequer no pressentimento de conquistas técnicas ainda impossíveis no estado atual de nossos conhecimentos), duas explicações apresentam-se ao espírito, explicações que poderiam muito bem completar-se, pois nem sempre se aplicam às mesmas realizações práticas.

Certas descobertas ou invenções parecem ter sido o caso de personagens intelectualmente muito à frente das técnicas de seu tempo, mas cujas conquistas pareciam destinadas ao fracasso, por despreparo de sua época para aceitá-las, e menos ainda para aventurar-se em sua utilização. Aliás, isso é válido para muitos personagens bastante conhecidos da história das técnicas. Heron de Alexandria tinha prontinhos os planos de um navio gigantesco movido a vapor, mas ele sequer pensou em submetê-lo à aprovação de seu soberano (um dos Ptolomeus). Não apenas os galés (recrutados entre os prisioneiros de guerra como entre os detentos de direito comum e entre a massa dos escravos) custavam praticamente um preço mais do que irrisório, mas o abandono repentino da imensa mão-de-obra servil não teria deixado, na época, de suscitar conseqüências monstruosas. É mais do que provável que, passando a ser considerada inútil, essa multidão não teria sequer a chance de ser "reescalonada" (como se diz atualmente), mas correria o risco da eliminação em massa das "bocas consideradas inúteis"...

No século XVII (bem no início do século), o alquimista Salomão de Caus e, depois (no segundo terço do período), Dionísio Papin não só conhecerão as propriedades motrizes do vapor, mas saberão aplicá-las na fabricação muito hábil de máquinas, de veículos e de barcos. O resultado prático será nulo, pois tais descobertas foram feitas cedo demais para serem aceitas tanto pelas massas como pelas elites.

Não pensemos, no entanto, que o mesmo fenômeno seja impossível no século XX. Todos sabem muito bem que pequenos inventores artesanais não chegam sequer a conseguir que examinem suas descobertas — por uma razão muito simples (a mesma que faz com que os sábios oficiais se recusem sempre a examinar os trabalhos dos alquimistas, mesmo se estes — o que já é impossível por natureza lho permitissem): a impossibilidade de apresentar suas experiências sob uma forma quantitativa, matematizada; a de sair de uma descrição concreta dos fenômenos observados. Isso não quer dizer, por certo, que suas invenções sempre fossem absurdas e desprovidas de qualquer senso prático. Aliás, (é o paralelo que nos ocorre no momento), os feiticeiros índios da Amazônia não faziam uso do curare muito antes de nosso século XX, embora fossem incapazes de conhecer toda a complexa fórmula dessa substância, que eles sabiam preparar de um modo puramente empírico?...

A outra hipótese, mais fantástica, é esta: numa época bem remota, civilizações muito evoluídas teriam não só atingido, mas ultrapassado, as realizações técnicas de que nós, homens do fim do século XX, tanto nos orgulhamos. E, no decorrer dos milênios e dos séculos, grupos de sábios privilegiados teriam transmitido esse tesouro, cuidadosamente conservado em segredo até o momento em que as circunstâncias históricas tornassem possível sua divulgação, gradual e prudentemente medida.

Tocamos aqui num assunto por certo fascinante [34], mas que ultrapassa por sua natureza os critérios positivos de verificação.

Lembremos, mais uma vez, o caso de Roger Bacon. A extensão de seus conhecimentos se mostra mais prodigiosa ainda quando pensamos na parte hoje decifrada, bem pequena em relação ao conjunto de sua obra inédita conhecida (pelo nome do colecionador que estava de posse da mesma) como "manuscrito Voynich" [35]. "... Roger Bacon sabia que a nebulosa de Andrômeda era uma galáxia como a nossa. *Vi num espelho côncavo* (declarava o monge alquimista, que disporia, então, de um telescópio) *uma estrela em forma de caramujo* [36]. *Ela estava entre o umbigo de Pégaso, o busto de Andrômeda e a cabeça de Cassiopéia* [37]. (...) Bacon conhecia a estrutura da célula e a formação de um embrião a partir do esperma e de um óvulo [38]."

O caso do monge alquimista Roger Bacon, que passou na prisão grande parte de sua existência, parece levar-nos à tenaz ima-

34. Ver, em particular, os livros de autores como Andrew Thomas ou Robert Charroux (Robert Laffont).

35. Jacques Bergier, *Les livres maudits* (Paris Éditions J'ai lu, 1971, capítulo VI).

36. Bela imagem para descrever a forma espiralada das nebulosas.

37. Essa localização de Andrômeda na esfera celeste é exata.

38. J. Bergier, *op. cit.*, pp. 103-104.

gem de Epinal: a Igreja católica, agindo ao longo de toda a Idade Média para cortar furiosamente as asas dos espíritos demasiado audaciosos, para matar no ovo suas divulgações científicas, consideradas aptas a fazer com que as massas e os intelectuais passassem a refletir de modo a favorecer o livre arbítrio. Se Roger Bacon foi, sem dúvida, perseguido por seus superiores eclesiásticos, é preciso notar, para sermos justos, que a maioria dos alquimistas da Idade Média (incluindo entre eles os eclesiásticos) não foram perseguidos absolutamente por seus trabalhos e por seus manuscritos. Os processos inquisitoriais constituem, sem dúvida, uma realidade histórica, independentemente do fato de que alguns dentre eles faziam intervir (numa época em que a Igreja não era, é preciso que não nos esqueçamos disso, separada dos Estados cristãos) motivos políticos visíveis ou camuflados, mas o historiador deveria evitar a tentação de aceitar sempre tal qual a imagem — tão popularizada pelos autores românticos — de sábios e inventores "queimados em massa pela inquisição" durante a Idade Média. Ficaríamos até admirados com a extrema liberdade de opiniões que reinava no seio das universidades da Idade Média. Na realidade, essa época está muito longe de ser a época obscurantista e estupidamente fanática como preferem considerá-la os que se negam a pensar melhor no assunto.

É curioso notar que uma tradição popular, que nega a morte de Roger Bacon na prisão, pretende que este não só ter-se-ia evadido mas que, graças a seu elixir da longa vida (que ele deu também a seu cão), teria conseguido o mesmo privilégio que o conde de Saint-Germain, atravessando vitoriosamente os séculos.

Mas não seria de desejar, neste estágio de nosso estudo, fazer um balanço de conjunto dos objetivos tradicionais da alquimia?

12. Balanço dos segredos da Grande Obra alquímica

Levantando-se contra a idéia corrente, que considera a alquimia como uma espécie de "pré-história" da química moderna, Paul Walden escreve:

"Do ponto de vista de um cientista moderno, essa perseverança milenar numa idéia comprovadamente estéril e experimentalmente inutilizável (o autor se refere ao sonho da transmutação dos metais "vis" em ouro) *parece absurda. Por outro lado, devemos apreciar essa perseverança, se a considerarmos como um exutório da imaginação ou como um saldo espiritual das antigas crenças numa idade*

de ouro, reminiscência dos tempos paradisíacos. Desse ponto de vista, o lugar da Alquimia está na poesia e não na Química. Esses sonhos nostálgicos do Homem encontraram sua expressão no Éden bíblico, na Taça de Hermes entre os gregos, nos contos orientais das "Mil e Uma Noites", na pedra filosofal, na lenda do Graal, nas numerosas histórias utópicas e nos contos de fadas alemães. Por mais diferente que seja o enredo desses contos, eles transportam o Homem para longe da necessidade, da miséria, da doença e da morte, para as esferas da Felicidade perfeita, onde se encontram todos os bens da terra, uma vida longa, uma juventude e uma saúde perpétuas[39]."

Essa opinião de um químico contemporâneo é, sem dúvida, das mais sumárias. Aos olhos do historiador das ciências, o balanço positivo da alquimia está longe de ser negligenciável: descoberta empírica de um certo número de corpos químicos importantes e, sobretudo, formulação — sob uma forma "pré-científica", é verdade — dessa teoria da *unidade da matéria,* que é o verdadeiro pivô da física e da química modernas...

Mas essa opinião tem o grande mérito de reconhecer que a alquimia interessa muito mais à história das religiões, ao psicanalista e ao mitólogo que à história das ciências[40].

A finalidade do presente artigo é, precisamente, desenvolver esse ponto de vista respondendo à pergunta: *"O que é a alquimia?"*

Para o grande público, e mesmo para muitos historiadores e cientistas, a resposta é fácil: os alquimistas procuravam, por meio de um agente misterioso — a *pedra filosofal* — mudar o chumbo em ouro. E não se pode negar, com efeito, que a transmutação dos metais não seja um dos poderes atribuídos à misteriosa "pedra dos filósofos".

Existe certo número de narrativas de transmutação extremamente detalhadas, mas cujos fundamentos é impossível verificar *a posteriori*[41]. Temos até algumas moedas e medalhas que teriam sido cunhadas em *ouro filosofal* e cuja alegada origem, na verdade, por

39. *Histoire de la Chimie,* Trad. francesa por E. Darmois (Paris 1953, Lamarre éditeur), pp. 26-27.

40. Ver as obras, hoje clássicas, de: Mircea Eliade, *Forgerons et Alchimistes,* Paris 1956 (Flammarion édit.); C. G. Jung, *Psychologie und Alchemie,* 2.ª ed., Zurique, 1952, trad. inglesa (New York e Londres, 1953); H. Silberer, *Problems of Mysticism and its Symbolism* (New York, 1917).

41. Louis Figuier: *L'Alchimie et les Alchimistes* (Paris, 1856, Hachette éditeurs), 3.ª parte: "Histoire des principales transmutations métalliques".

mais espantoso que isso possa parecer, ninguém nunca pensou em verificar seriamente [42].

Para acabar de uma vez com o problema da realidade histórica das transmutações alquímicas, pensamos que a melhor atitude deve manter-se longe tanto da aceitação crédula de todos os relatos (muitos dos quais, é preciso confessá-lo, nada convincentes, porque baseados no testemunho de uma única pessoa) como do ceticismo total dos sábios, que afirmam que os adeptos de outrora não podiam, por não possuírem nenhum aparelho do gênero *cyclotron,* realizar verdadeiras transmutações. Será que é mesmo certo que não existem *reações químicas* capazes de provocar transmutações nucleares?. . .

A despeito dos numerosos casos de supostas "transmutações", não podemos deixar de ficar impressionados com a incessante condenação, da parte de verdadeiros alquimistas, contra os "assopradores", preocupados unicamente, e com objetivos evidentes de cobiça pessoal, com a "fabricação do ouro". Por outro lado, a leitura, mesmo superficial, dos tratados de alquimia *deixa pressentir que existe "outra coisa"* e que os autores quiseram fazer alusão a temas muito diferentes da simples transmutação metálica; pressente-se, ao mesmo tempo, que as pesquisas alquímicas são a aplicação de toda uma *Filosofia.*

Ouçamos, então, o que nos diz o alquimista francês Louis Grassot na *Apologie du Grand Oeuvre,* que constitui o fim de sua obra: *La Lumière tirée du Chaos* (1784).

'A Grande Obra dos Sábios ocupa o primeiro lugar entre as belas coisas: a Natureza, sem a Arte, não a pode acabar, e a Arte sem a Natureza não a pode empreender. Trata-se de uma obra-prima que limita o poder de ambas. Seus efeitos são tão miraculosos, que a saúde que ela proporciona e conserva nos vivos, a perfeição que ela dá a todos os compostos da Natureza e as grandes riquezas que ela produz de um modo todo químico não são as suas mais altas maravilhas. Se o Grande Arquiteto do Universo fez dela o mais perfeito agente da Natureza, pode-se dizer, sem medo, que ela recebeu o mesmo poder do Céu no que tange à moral. Se ela purifica o corpo, ilumina os espíritos; se ela leva os mistos ao ponto mais alto de sua perfeição, ela também pode elevar nossa inteligência aos mais altos conhecimentos. Ela é a salvadora do grande Mundo, pois purga

---

42. H. C. Bolton: *Alchemy and Numismatics* (Boston, 1887): P. Martin-Rey: *Anciennes monnaies hermétiques faites d'or et d'argent philosophal* (Revue Numismatique, t. XII, Paris, 1867, pp. 255-274).

todas as coisas das manchas originais e repara com sua virtude a desordem de seu temperamento. Ela subsiste num perfeito ternário de três princípios puros, realmente distintos, e que, no entanto, constituem uma única natureza. É originariamente o Espírito Universal do Mundo, corporificado numa Terra virgem, sendo a primeira produção ou a primeira mistura dos elementos no primeiro ponto de seu nascimento. Ela é trabalhada em sua primeira preparação, verte seu sangue, morre, entrega seu espírito, é sepultada em seu recipiente; sobe ao Céu, toda quintessenciada, para examinar os santos e os doentes, destruindo a impureza central de uns e exaltando os princípios de outros; de modo que não é sem motivo que ela é chamada pelos Sábios de salvadora do grande Mundo e de figura do Salvador de nossas almas. Pode-se dizer, com justiça, que, se ela produz maravilhas na Natureza, introduzindo nos corpos uma grande pureza, ela também faz milagres na moral, iluminando com as mais altas luzes o nosso espírito[43]."

Esta passagem (e poderíamos citar outras análogas, e bem mais obscuras também) deixa também pressentir que existe em relação à Grande Obra, não *um segredo*, mas *segredos*. Indo mais longe, não seria o caso de distinguir, no imponente edifício que é a alquimia, "estágios" hierárquicos, *como outros tantos degraus sucessivos da Grande Obra?*

Tudo se esclarece singularmente, na imensa e compósita literatura alquímica européia, do século XV até hoje, se o pesquisador tiver o cuidado de fazer a distinção entre essas diversas "etapas" sucessivas da Obra, desde a que, em princípio, teria sido atingida por todos os verdadeiros alquimistas (que se torna, por conseqüência, impossível de taxar de impostura), até os sonhos mais desmedidos de *regeneração universal*.

43. *"Apologia da Grande Obra"* — pp. 44 e 45 da edição Chacornac (Paris, 1930).

Capítulo V

Longevidade e imortalidade

1. A juventude eterna

Desde sempre, o espírito do homem foi perseguido pelo mito eterno e multiforme da "Fonte de Juventude"; encontram-se, por toda parte e sempre, entre os povos mais diferentes, tradições, contos e lendas que giram em torno do tema da *imortalidade física,* da *juventude eterna;* essa prerrogativa teria sido perdida pelo homem por ocasião de uma "Queda", e só algumas pessoas privilegiadas puderam, é o que se conta, reconquistá-la.

Pareceu-nos interessante dar uma visão de conjunto dos meios tradicionais colocados em ação para reconquistar a imortalidade. Deixaremos de lado as técnicas da medicina moderna, que permitem retardar, por um prazo mais ou menos longo, o aparecimento dos primeiros sinais do envelhecimento e prolongar, de certo modo, a duração da vida humana (implantes de Voronoff, soro de Bogomoletz, etc.). As técnicas "ocultas" são incomparavelmente mais ambiciosas: trata-se não apenas de *prolongar* a existência (e isso, de uma forma quase indefinida, o que nenhum médico tem a ambição de realizar), mas de *fazer voltar* o corpo, quer à primeira juventude, quer — o que se encontra com mais freqüência nessas lendas — à plena maturidade física; deve-se, aliás, notar que o médico moderno — com razão ou sem ela — considera esse ideal como um sonho utópico.

É preciso notar ainda que, como os demais relatos "tradicionais" (no sentido guenoniano desse adjetivo), muitas lendas que relatam estranhos casos de *imortalidade física* nem sempre devem ser interpretadas literalmente: seu sentido esotérico, aliás, difere muito da interpretação vulgar [1]. É por isso que Cagliostro não hesitava em declarar, embora estando plenamente consciente de ser, durante sua vida presente, o chamado *Joseph Balsamo* (nativo de Palermo): *"Não sou de nenhuma época nem de lugar algum; meu ser espiritual vive sua eterna existência, e, se mergulho em meu pensamento remontando o curso das idades, se alongo meu espírito para um modo de existência que está longe daquele que conheceis, torno-me aquele que eu desejo ser. Participando conscientemente do ser absoluto, regulo minha atividade de acordo com o meio que me rodeia. Meu nome é o de minha função e eu o escolhi, assim como minha função, porque sou livre... Eu sou aquele que é... Quanto ao lugar, à hora em que meu corpo material, há cerca de quarenta anos, formou-se sobre esta terra, quanto à família que escolhi para isso, quero ignorá-lo... Eu não nasci da carne, nem da vontade do homem: eu nasci do espírito. Meu nome, o que é meu e de mim, o que escolhi para aparecer no meio de vós, esse é o que eu reclamo para mim. Aquele pelo qual me chamaram quando nasci, aquele que me deram em minha juventude, aqueles sob os quais, em outros tempos e lugares, fui conhecido, eu os abandonei, como teria abandonado roupas fora de moda e, por isso, inúteis... Eis-me aqui: eu sou nobre e viajor* [2]."

Textos desse tipo são muito comuns na chamada literatura rosacruciana [3]. Algumas dessas lendas de "imortalidade" simbolizam também, parece, a corrente sempiterna dos nascimentos e renascimentos sucessivos do ser humano, de que o "iniciado" toma consciência [4].

Paul Chacornac, contudo, observa: *"As tradições de todos os povos mencionam a existência de personagens que atingiram um es-*

---

1. René Guénon, *Le roi du monde*, 3.ª ed., Paris (Chacornac, 1950), *passim*. Cf., muito particularmente, o cap. VII: "Luz ou le séjour d'immortalité." Ver também, do mesmo autor: *Aperçus sur l'initiation*, Paris (Chacornac), 1946, cap. XXXVII, XXXIX e XLII.

2. *Mémoire pour le Comte de Cagliostro, accusé, contre le Procureur général*, reproduzido por Marc Haven, *Le Maître Inconnu: Cagliostro* (Paris, Dorbon), s. d. pp. 282-284.

3. Cf. Serge Hutin, *Histoire des Rose-Croix*, Paris (Courrier du Livre, 3.ª ed., 1977, cap. VI).

4. Uma escritora americana, Mrs. Zenna Henderson, escreveu um curioso conto alegórico: *La Promenade de Tante Morte* (trad. francesa na excelente revista *Fiction*, dirigida por Maurice Renault, n.º 37, dezembro de 1956, pp. 91-98). O comentário escrito a respeito dessa estranha história: *"Podemos ver aí uma imagem cíclica e metafísica da vida: os sucessivos caminhos comparáveis a sonhos e a morte (a verdadeira vida), a um sonho onde se entrevê a realidade, antes de tornar a cair no sono, isto é, antes de renascer."*

tado espiritual muito elevado e dos quais se diz que viveram vários séculos e até que não devem morrer antes do fim do ciclo atual[5]."

E ele distingue três modalidades desse *adeptat* superior:

"*. . . a persistência de uma individualidade no mesmo invólucro corporal, além dos limites da existência humana normal; a persistência de um agregado de elementos psíquicos em várias formas corporais sucessivas e mesmo. . . simultâneas; a persistência de uma individualidade no mundo sutil sem passar pela morte do corpo, sendo a forma corporal, de algum modo "transmudada", reabsorvida em seu princípio sutil*[6]."

No folclore cristão, um lugar importante é ocupado por tradições de um gênero totalmente diferente: as tradições que fazem resultar a juventude eterna de um pacto diabólico. A lenda do *Doutor Fausto* é muito conhecida do público e de todos os grandes escritores[7].

A esse propósito, é preciso notar que a imortalidade, por mais extraordinário que isso possa parecer à primeira vista, nem sempre é considerada um "privilégio": basta ver o *"Judeu errante"*, obrigado a caminhar sem trégua até o juízo final[8], ou o *"Holandês voador"*, que será salvo pelo amor de uma mulher[9]. . . Esse velho tema está sempre vivo na literatura fantástica contemporânea[10]. Deve-se notar

---

5. *Le Comte de Saint-Germain,* Paris (Chacornac), 1947, pp. 301-302.

6. *Ibid.*, p. 306.

7. A obra erudita mais célebre publicada sobre o desenvolvimento da lenda faustiana é a de Geneviève Bianquis, *Faust à travers quatre siècles* (*Droz,* 1935). Cf. o excelente livrinho de Jean-Pierre Bayard, *Histoire des légendes* (collection "Que sais-je?", n.º 670), 2.ª parte, cap. I.

Como adversário astuto, o Maligno nem sempre responde ao desejo do homem que lhe vende a alma (cf. o conto de Bernard Manier, *La beauté du diable,* publicado no n.º 22, set. 1955, pp. 59-70, da revista *Fiction*).

8. J.-P. Bayard, *Histoire des légendes,* pp. 95-99.

9. Sabemos que a lenda do "Holandês voador" foi objeto de uma notável adaptação cinematográfica: mas esse belíssimo filme em cores, com Ava Gardner e James Mason, foi "escamoteado" pelos críticos franceses. O caso de *Pandora* não é, infelizmente, o único; os tabus "racionalistas" são particularmente atuantes nos meios cinematográficos; quando um diretor faz um filme de tema "fantástico", choca-se com inúmeras dificuldades; críticos patenteados decidiram, de uma vez por todas, que o público não gosta de obras desse gênero!

10. Cf. Frank Gruber, *Sortilèges à Las Vegas* (*Fiction,* n.º 36, nov. 1956, pp. 3-25). Outro autor americano, Cleve Cartmill, escreveu uma novela: *Beauté qui plus ne passe* (inédita na França), relatando a história de uma vedete para quem — será isso possível? — a juventude eterna torna-se uma maldição diabólica (Cf. *Fiction,* n.º 35, out. 1956, pp. 70-74). (cont.)

que certos autores ligados à corrente dos conhecimentos herméticos não deixaram de negar a existência do elixir da longa vida e de outros prodígios dos adeptos. É assim que podemos ler estas linhas, no "*Magia natural*", de Giambattista della Porta:

"Não prometo nem montanhas de ouro, nem a pedra filosofal... nem ainda esse licor de ouro que torna imortal aquele que o bebe... Tudo isso não passa de sonho; porque, sendo o mundo mutável e sujeito a transformações, tudo o que ele produz deve ser destruído."

Mas o ceticismo lembrará inutilmente as duras realidades biológicas, pois a imaginação, sem dúvida, jamais deixará de acariciar o lindo sonho de uma juventude humana perpetuamente renovada, de uma existência física que dure para sempre...

Mas como será possível considerar a ação do misterioso elixir da longa vida? Na maioria dos casos, ele é descrito sob a forma de um líquido (o famoso *ouro potável* dos adeptos) que deve ser absorvido como qualquer outro medicamento. Prodigiosamente ativo, ele deveria ser tomado em doses infinitesimais, ou sob a forma de pequenas gotas diluídas no vinho ou na água. Doses maiores causariam a morte do imprudente. Às vezes — mais raramente — esse *elixir* é descrito como um fluido oleoso incorporado à epiderme por fricção e massagem; passando de uma parte do corpo a outra, elas seriam sucessivamente regeneradas (como no conto de Balzac, *L'elixir de longue vie*).

Cagliostro, em seu "*Catecismo da Maçonaria Egípcia*" (descoberto e publicado por Marc Haven e reeditado em 1947 pelos *Cahiers Astrologiques*), dava o método a ser seguido para tanto, método pelo qual o alquimista seria capaz de viver uma completa regeneração física a cada cinqüenta anos. O adepto, acompanhado de um amigo de confiança, retira-se para um lugar afastado, de preferência um sítio montanhoso. A cura comporta, junto com um jejum total, a absorção de gotas de elixir e também de comprimidos. Ocorrem fenômenos impressionantes: queda das unhas e dos cabelos, convulsões, preludiando, porém, uma espetacular regeneração física. A duração total dessa cura de rejuvenescimento cobriria quarenta anos.

Um tema curioso da literatura fantástica é o dos homens esquecidos pelo tempo, obrigados a permanecer sempiternamente na mesma situação temporal; ver o conto de Marcel Brion, *La rue perdue* (*Fiction*, n.º 33, agosto 1956, pp. 36-46).

A tentação.
(Gravura de Albert Dürer, século XVI.)

Em nossos dias, falou-se muito do preparado feito por Armand Barbault, que relatou suas experiências num livro célebre: *L'or du millième matin* [*"O ouro da milésima manhã"*]. Que devemos pensar a respeito?

Armand Barbault — detalhe importante — não afirmava que conseguira fabricar o *ouro potável* mas, com seus trabalhos, ele julgava ter chegado a um estágio intermediário não negligenciável, porque conseguia a cura de doenças muito graves, incluindo entre elas as tidas como incuráveis quando em estado avançado pelas terapêuticas oficialmente comprovadas. É muito lamentável, na nossa opinião, que comissões de médicos juramentados não tenham feito um exame imparcial dos resultados conseguidos pelo *ouro da milésima manhã* de Barbault ou — outro remédio hermético — pelos produtos Soluna, fabricados de acordo com os princípios (estabelecidos por Alexander von Bernus de acordo com os princípios de Paracelso, seu grande inspirador) da medicina hermética. É tanto mais lamentável que o simples exame da fórmula química desses preparados — que, homologados na Alemanha e na Suíça, podem assim ser vendidos livremente nas farmácias desses países — ateste sua perfeita inocuidade, situando-se seu modo de agir sobre o organismo doente no domínio das doses homeopáticas. Quanto a nós — sem por isso condenar o recurso (necessário em muitos casos) ao arsenal da medicina moderna — achamos que de fato é muito fácil zombar das terapêuticas baseadas (como é o caso da medicina hermética) em antigas observações bem anteriores ao conhecimento da técnica moderna. O estudo imparcial dos séculos passados seria mesmo de natureza a obrigar-nos às vezes a reprimir nosso orgulho (mesmo que aparentemente bem fundado) de homens "modernos" que sabem colocar em jogo todos os recursos da técnica. A farmacopéia dos séculos passados não conhecia, por certo, nem as análises, nem as injeções, nem os remédios químicos hoje produzidos em fábricas enormes, nem sequer os supositórios; isso quer dizer que a velha farmacopéia de drogas vegetais, de tisanas, de bálsamos e de emplastros de repente se torna inútil ou mesmo nociva? Pelo contrário, tudo se passa como se a medicina moderna, pouco a pouco, fosse sendo levada a reconhecer o valor insubstituível de toda uma série de velhos remédios. Alguns deles foram postos de novo em circulação, tais como eram, há já muito tempo pela prática médica corrente: a digitalina seria insubstituível no arsenal terapêutico.

Às vezes acontece até que a velha medicina se revela à nossa curiosidade como tendo sido singularmente diferente da imagem habitual que dela se tem de um charlatanismo e de uma rotina descarados e codificados. É assim que, visitando a antiga Santa Casa [11] de Angers, tivemos a surpresa de constatar a presença, na botica ricamente dotada pelo testamento de um rico doador que desejava colocar os miseráveis em condições de beneficiar-se dos recursos terapêuticos então reservados (e muito mais no passado do que agora) aos privilegiados da fortuna, de um preparado (o vaso de prata que serviu para sua confecção foi conservado), o *theriacum* (a "teríaga"), feito com ópio e mais cinqüenta outras plantas, e que permitia realizar com êxito operações cirúrgicas complexas sob anestesia total. É bom, portanto, que não zombemos depressa demais da pitoresca "cozinha de feiticeiras" utilizada pelos médicos de antanho.

2. O embalsamamento

Mas voltemos mais diretamente à busca alquímica de uma vitória total sobre o envelhecimento e sobre a morte. Há muitos séculos que o homem alcançou um domínio notável nas práticas de embalsamamento, destinadas a permitir a conservação de cadáveres durante muito tempo depois da morte da pessoa. Um embalsamamento bem sucedido não poderia acaso ser considerado como um símbolo concreto, palpável, de uma vitória final sobre a morte, de um passo à frente dado pelo homem rumo à imortalidade física? Esta é, sem dúvida, a razão pela qual a mirra, uma das plantas usadas nos ritos egípcios de embalsamento, tornara-se, para os homens da Antigüidade, o símbolo da imortalidade.

Por mais perfeitos que fossem, os métodos de embalsamamento utilizados no Egito e em outros países jamais puderam — por mais que os médicos modernos o pretendam — dar a ilusão de uma vida que se conserva plena e cheia de força. De onde o sonho, que volta periodicamente, de uma mumificação verdadeiramente perfeita, porque reproduziria — tanto nos órgãos quanto nas carnes visíveis — a mesma aparência do sujeito quando vivo. Em última instância, não se tornaria possível (poderíamos sonhar) proceder ao despertar do morto, na época da descoberta de seu corpo, muitos séculos depois? Este é um tema fantástico e de ficção científica, que inspirou diversos autores, entre os quais (para citar apenas um francês) Yves Dartois, em seu romance *La Romaine de Cimiez* ["A Romana de Cimiez"].

11. Onde está exposta a magnífica série de tapeçarias modernas de Lurçat, "Le Chant du Monde".

Se tais "ressurreições" de múmias "perfeitas" jamais foram assinaladas fora desses romances, parece contudo estabelecido que, na Antigüidade, alguns mestres em embalsamamento conseguiram um domínio tão absoluto dessa arte que, mesmo depois de séculos, os corpos por eles preparados conservavam toda a aparência de uma pessoa viva. Os chineses da Antigüidade teriam conseguido, pelo que se conta, realizações desse tipo. Mas eles não foram os únicos: em pleno Renascimento italiano, descobriu-se em Roma (fato já lembrado) o corpo da filha querida de Cícero, Túlia, que morreu muito jovem; seu corpo não tinha apenas a aparência de uma pessoa viva mergulhada no sono (não o de uma múmia, que não passa de um cadáver "aperfeiçoado", poderíamos dizer), mas, perto dela, ainda havia uma lâmpada acesa. Tratar-se-ia de uma dessas lâmpadas perpétuas, segredo atribuído aos Rosa-Cruzes? É lamentável — no que toca a eventuais investigações científicas do caso — que as autoridades vaticanas, temendo o nascimento de um culto popular à jovem salva da decomposição, tenham ordenado o sepultamento do corpo de Túlia numa sepultura ignorada.

Coisa estranha, um caso análogo — a descoberta de uma jovem mulher que parecia dormir e a cujo lado queimava ainda (há quanto tempo?) uma lâmpada a óleo — aconteceu na França. É lamentável (o caso aconteceu no cemitério de Brive-la-Gaillarde, poucos anos depois da I Guerra Mundial) que, também nesse caso, as autoridades — desta vez policiais, e não religiosas — tenham ordenado que se sepultasse de novo o cadáver, num outro local mantido cuidadosamente em segredo. O comissário de polícia de Brive-la-Gaillarde temia o quê? Os vampiros [12] ?...

E eis que fomos levados a falar dos vampiros, assunto que se relaciona com o problema da imortalidade alquímica.

3. O vampirismo

Vampiros? Um tema mágico ancestral que, paradoxalmente, voltou à tona pelo uso sistemático que dele faz a imaginação, primeiramente a literária; o cinema e a televisão virão depois, por graça dos mestres anglo-saxões do terror.

Releiamos essa obra-prima que é *Drácula,* do autor irlandês Bram Stoker, que viveu durante a *Belle Époque*. Qual é o seu tema

12. Cf. Robert Ambelain, *Les Vampires* (Robert Laffont, 1973).

central, absolutamente de acordo com as superstições populares da Europa central e oriental [13]? O conde Drácula é um homem que, recusando a obscura sorte comum dos indivíduos de nossa espécie, fez uso da antiqüíssima magia, a mais negra e a mais ancestral, de efeitos sobrenaturais: a do sangue (do sangue fonte de vida) para dotar *post mortem* seu cadáver de uma possibilidade indefinida de perdurar, sem jamais conhecer a decomposição nem a putrefação. Privilégio que não pode prosseguir, fazer bola de neve (modo de falar) a não ser que o vampirismo se espalhe, cada vez mais, entre os homens para prolongar essa sobrevida: cadáver vivo, o vampiro via-se obrigado a sugar o sangue de numerosas vítimas, escolhidas entre as pessoas mais jovens e transbordantes de vida. E estas, por sua vez, só poderão perpetuar sua lamentável sobrevida física sugando o sangue de outras jovens vítimas inocentes. Essa sobrevida cadavérica só poderia situar-se num estágio muito irrisório da esperança mítica de uma sobrevida física além da morte: é por isso que nos contos clássicos de vampiros (a começar pelo *Drácula* de Bram Stoker), vemos os "mortos-vivos" acolherem com serenidade (e, o que é ainda mais, com uma alegria passiva mas real) o momento final de aceitação em que, com o coração transpassado por um chuço, seu corpo físico se converterá enfim (e de uma forma quase que instantânea) em pó.

No lado oposto dos casos alegados de vampirismo, existe toda uma série de tradições hagiográficas relacionadas com corpos de pessoas que alcançaram a santidade e cujo cadáver não conheceu a putrefação; eles continuam, portanto, na terra com a aparência de um invólucro físico que, simplesmente "adormecido", parece esperar com serenidade a hora da gloriosa ressurreição final. De onde esses casos de santos ou de santas cujo sangue, tão venerado há séculos, continuaria — se, ao menos, acreditássemos nos milagres em questão — a ter todas as aparências do sangue de uma pessoa viva (o caso do milagre periódico de São Januário em Nápoles, é significativo e exemplar), do sangue coagulado de um mártir que, em datas sempre fixas, voltaria à sua forma líquida, com todas as características do sangue de uma pessoa sadia.

Baseando-se no estudo metódico de fenômenos desse tipo, que a hagiografia da Igreja gosta de lembrar, e fazendo significativos paralelos com a tradição alquímica, o doutor Hubert Larcher publicou,

---

13. É preciso lembrar que foi depois de uma longa estada no lugar (mais exatamente na Transilvânia) que Bram Stoker pôde escrever o seu *Drácula.*

em 1955[14], uma obra intitulada: *Le sang peut-il vaincre la mort?* [*"Pode o sangue vencer a morte?"*]. É pelo menos estranho que esse livro — cuja possível difusão foi bloqueada desde o princípio por misteriosas instruções anônimas (cujos responsáveis nunca foram descobertos) — não tenha tido praticamente nenhuma divulgação.

4. O sucesso final da Grande Obra

Se relermos o Evangelho, não deveríamos acaso admitir que São João ignorou o destino inelutável dos homens comuns (a transição) e que ele continuará com seu corpo físico — sempre com o aspecto juvenil — até o fim do presente ciclo terrestre?

Lembremos esta resposta dada por Jesus: — *Senhor, mas a este* (João) *o que acontecerá? — E se quiser que ele fique até que eu venha, que te importa?*

Não se pode negar, sem dúvida, que, tanto entre os muçulmanos como entre os cristãos, muitos crentes estão inclinados a considerar um sacrilégio o fato de esperar-se perpetuar indefinidamente o invólucro físico de que uma alma (entre tantos outros invólucros) se havia revestido. Em muitos casos, um medo supersticioso não deixaria também de misturar-se entre os fiéis (de um modo mais ou menos insidioso) aos escrúpulos de ordem teológica.

Mas voltemos à busca alquímica de uma renovação ativa da juventude, de uma vitória total sobre a morte, vitória que tornaria o homem capaz de viver anos, séculos inteiros — ou mais ainda — sem jamais conhecer o inelutável declínio físico.

Vencer a velhice e triunfar da própria morte, esse inelutável fim último de todo ser terrestre que viveu, vive ou viverá sobre nosso planeta?

Hoje, ainda, os alquimistas não hesitam em acreditar que, em pleno século XX como outrora, os adeptos predestinados ao sucesso da Grande Obra conseguiram vencer o envelhecimento e mesmo a transição.

Eis a fantástica história (não existe, por certo, a mínima possibilidade científica de verificar sua exatidão) que nos contou, numa manhã de verão de 1973, um alquimista provençal (que vamos cha-

---

14. Pela Editora Gallimard, coleção "Aux frontières de la science".

mar de Henri) com o qual acabávamos de falar justamente a respeito do *elixir da longa vida*. Esse homem, que atualmente mora no departamento de Vaucluse, tinha cerca de setenta anos em 1972. Ele nos contou que, quando tinha seus quinze anos, gostava de sair com um primo já entrado no que hoje se chama de a terceira idade e que havia feito experiências alquímicas. Ora, muitos anos depois, depois que o jovem primo já havia passado dos sessenta, nosso amigo Henri teve a surpresa, uma ocasião em que se distraía procurando livros raros num livreiro de Aix-en-Provence, de encontrar-se de repente, face a face, diante do parente mais velho cujo cortejo fúnebre acompanhara pouco antes da I Guerra Mundial. Mas, diferença prodigiosa: enquanto o adolescente se tornara um homem que já ultrapassara a faixa dos sessenta, inverteram-se as aparências físicas: o velho adepto tinha então o porte de um homem de cerca de trinta e cinco anos de idade! E nosso amigo Henri precisava muito bem o que o impressionava naquele personagem estranho, tão admirado durante sua adolescência: o "novo jovem" não só se fizera reconhecer pelo primo, mas — para provar-lhe melhor a autenticidade de uma revelação tão prodigiosa — fizera uma série muito precisa de pequenas alusões a fatos que *só eles* conheciam em seus pormenores, sem que tivesse havido a mínima possibilidade de um encontro prévio que lhes teria permitido pôr-se de acordo para prestar seu testemunho "oculto" falso, mas apoiado em declarações *precisas* de X ou de Y.

Como agiria, então, esse famoso *elixir da longa vida* para regenerar o corpo do adepto que resolvesse usá-lo em si mesmo?

É fácil imaginar como a regeneração do corpo humano, que o *elixir da longa vida* proporcionaria, fascinou a imaginação durante séculos e como, ainda hoje, ela provoca a mais fabulosa das magias. Vencer a doença, o envelhecimento e até a maior adversária do homem — a última e inelutável: a morte —, escapar do declínio e da destruição para viver sempre. Mas, para o adepto, trata-se muito mais ainda do que conseguir a vitória completa sobre a doença, o envelhecimento e a morte. Nessa conquista alquímica da imortalidade física, encontraríamos a grande, a fantástica experiência mágica de recuperar o corpo divino, glorioso, que o homem possuía antes da queda original: dissolver a matéria grosseira, destruir os elementos não santificados, desembaraçar para sempre a criatura humana de todas as imperfeições que vieram corromper sua natureza primitiva, gloriosa e resplandecente, e permitir que o homem atinja e conheça uma regeneração integral e receba de volta a natureza *divina* perdida.

Em certos textos e gravuras, a representação do rejuvenescimento e da imortalidade é feita, não pela absorção de um líquido ou de gotas, mas por uma espécie de imersão do corpo do alquimista no Fogo divino que anima todas as coisas da terra. Sobre este assunto, aliás, encontramos todo um florilégio de contos e de lendas fascinantes, tanto no Ocidente quanto no Oriente, sobre o Fogo divino, o Princípio ígneo regenerador da Vida [15].

Embora sempre seja muito arriscado e perigoso querer, a toda força, comparar esses dois campos de objetivos totalmente diferentes, como a alquimia tradicional, de um lado, e a técnica positiva (desenvolvida pela ciência) de outro, apresentaremos, contudo, a curiosa hipótese de nosso amigo Jacques Bergier. De acordo com o co-autor do "*Despertar dos Mágicos*", os alquimistas teriam realizado uma dupla façanha. Primeiro, serem capazes, com seus meios completamente artesanais, de fazer surgir a energia poderosíssima que gera a radioatividade de certos elementos químicos. Depois, poderem mergulhar fisicamente nessa energia e sair rejuvenescidos desse mergulho no Fogo, quando a radioatividade representa, para quem a utiliza, perigos tão terríveis. Outra hipótese proposta por Jacques Bergier: enquanto o organismo humano normal pode evacuar (mais ou menos rapidamente) a água absorvida em excesso pelo corpo, o mesmo não ocorreria com a água pesada, que se enraizaria no organismo em quantidades infinitesimais, por certo, mas *perigosas*, pois esse é o fenômeno que acabaria por ter como conseqüência suscitar, nos diferentes níveis do organismo, os processos biológicos do envelhecimento.

Estaria algo fora de nosso propósito esboçar aqui o paralelo entre a grande esperança dos alquimistas e os modernos métodos de luta contra os efeitos da senilidade e da própria morte [16]. Não deveríamos, contudo, deixar de constatar que, mesmo no final do século XX, o homem continua a acariciar o mais belo sonho fabuloso de uma vitória total sobre a grande adversária da vida. Não só a imortalidade física continua, e mais do que nunca, a ser um dos temas favoritos da ficção científica, mas existe também um número crescente de pessoas, que se dizem positivas, não menos persuadidas de que vencer a velhice e a morte seria perfeitamente

---

15. Carl-Martin Edsman, *Ignis divinus Lund* (Gleerup, 1949).
16. Ver nossa obra *L'immortalité magique* (Verviers, Marabout — coleção "Univers secrets", 1971).

possível, num prazo mais ou menos longo. Não existem somente as esperanças daqueles que — dotados das necessárias possibilidades financeiras, pois se trata de um processo muito caro — contam com a hibernação artificial: conservando intacto o cadáver (esfriado a uma temperatura extremamente baixa e mergulhado num líquido criogênico), pode-se — pelo menos os partidários desse método o afirmam — reaquecer e despertar o corpo hibernado quando tiverem sido descobertos (pois contamos com o progresso indefinido da medicina e da cirurgia) os meios de curar com êxito uma doença ou ferimentos incuráveis pelos métodos terapêuticos em uso no momento da morte da pessoa. Existem hoje também as esperanças daqueles que pensam que o envelhecimento e a morte deverão, normalmente, acabar sendo vencidos. Foi com esse intuito que se criou em 1976 uma *Associação para a eliminação da morte,* presidida por um pastor californiano [17], Stuart Otto. Este não hesita em proclamar: *"Quando se escrever a história de nosso século, a façanha que ultrapassará pela cabeça e os ombros a todas as demais será a vitória sobre a morte."* Mas não é verdade que, de acordo com a tradição cristã, o homem só conheceu a morte como efeito da queda de Adão, e que Jesus teria dado o exemplo da Ressurreição divina prometida aos eleitos? O reverendo Stuart Otto faz notar assim que, se Cristo se encarnou num corpo humano e testemunhou que a vitória sobre a morte é possível, esse triunfo no plano físico deve ser, portanto, acessível a nós (acrescenta ele), com a condição *"de querermos continuar a viver pensando como Cristo pensava e não como pensamos nós, homens perecíveis"*.

Não é isso o mesmo que ir ao encontro à visão alquímica do triunfo do adepto sobre as conseqüências físicas da queda de Adão?

A imortalidade física conquistada pelo vampiro representaria uma forma invertida, negra e satânica da imortalidade alquímica; seria a perpetuação de um cadáver — que se diferenciaria pela conservação da flexibilidade da carne — a expensas da vida de jovens vítimas. Se o uso do tema, primeiro pela literatura [18], depois pelo cinema de terror, é, sem dúvida, contemporâneo, esse uso está apoiado em tradições, em superstições — populares ou não — espalhadas por diversas regiões do globo, entre as quais a Europa central e a oriental ocupavam um lugar privilegiado. Foi depois de uma longa estada na Transilvânia que o autor irlandês Bram Stoker escreveu esse clássico das histórias de vampiros: *Drácula.* A

17. Da denominação "Igreja da Trindade".
18. Durante o romantismo e, depois, na época vitoriana.

perenidade da imaginação no que se refere ao fascínio pelas histórias de vampiros é muito fácil de ser explicada pelo fato de o mito tocar nas potências obscuras da morte, do sangue (fonte e sede da vida) e também — estreitamente ligado aos dois primeiros componentes imaginativos — do erotismo negro [19].

A imortalidade não é alcançada apenas pelo êxito conseguido por este ou por aquele adepto isolado: esse objetivo — de acordo com a tradição — teria sido alcançado conjuntamente por casais que "trabalhavam" em conjunto. O casal alquímico? Pensamos de imediato no caso mais célebre, mais familiar: o de Nicolas Flamel, o mais célebre dos adeptos do fim da Idade Média, e de sua fiel esposa, Dame Pernelle.

Faríamos naturalmente aqui um paralelo com uma grande tradição mágica secreta do Oriente: o tantrismo, onde existe a distinção entre a chamada *via direita* (a da ascese solitária) e a *via esquerda* (vivida por um casal). Faríamos então, naturalmente, na alquimia ocidental, a analogia com o êxito da Grande Obra, vivido — ambos os casos existem — seja por um asceta solitário, seja por um casal. Num e noutro caso, haveria o uso, o domínio e a transposição da energia sexual, "que retorna" para deixar aparecer a força mágica que liberta.

5. As duas formas da imortalidade alquímica

Na verdade, são duas as formas da imortalidade alquímica que, de fato, deveríamos distinguir.

A primeira, aquela em que o adepto, tendo vencido o envelhecimento e a morte, tornar-se-ia capaz de atravessar vitoriosamente os séculos, conservando — ou reencontrando — seu pleno desenvolvimento corporal. O exemplo conhecido (e que conserva todo o seu fascínio, tanto sobre a alma popular como sobre as pessoas cultas) é o do famoso conde de Saint-Germain, que, na corte de Luís XV e da marquesa de Pompadour, contava lembranças que remontavam a Francisco I, como o mais comum dos mortais conta suas lembranças de colegial ou de estudante.

---

19. Não é absolutamente fortuito se, nas diversas versões e adaptações de *Drácula,* o vampiro prefere atacar, como vítimas privilegiadas, jovens mulheres indefesas.

A outra forma de imortalidade alquímica consistiria, por sua vez, numa libertação total no que diz respeito aos imperativos sensíveis do mundo material, na passagem do adepto para uma esfera de existência livre dos limites espaciais temporais.

É verdade que seria realmente difícil traçar um limite exato entre as duas formas de imortalidade alquímica. O adepto aparece, então, como um ser ao mesmo tempo liberto dos imperativos comuns de espaço e de tempo, mas capaz também de manifestar-se em carne e osso na época por ele escolhida. É assim que Eugène Canseliet afirma ter recebido o privilégio, e quando ele deixou seu mestre (o enigmático Fulcanelli) pouco antes da Segunda Guerra Mundial, sob o aspecto de um belo ancião (muito bem conservado, não há dúvida, mas ancião), de reencontrá-lo depois aparentando um homem com o físico de alguém que, em plena forma, não tivesse ultrapassado os quarenta.

Eugène Cansaliet revelou até a data do nascimento de seu mestre Fulcanelli: 1839 [20]. Nos anos que precederam a Segunda Guerra Mundial, Fulcanelli estaria, então, bem próximo do centenário.

Ora, Canseliet não afirma ter tido ocasião, em 1952 (façamos o simples cálculo de quantos anos se passaram!), de rever, num misterioso castelo de Espanha, seu mestre sob o aspecto — de onde, à primeira vista, uma bem compreensível confusão do discípulo — de um homem que acabava de chegar aos quarenta? Mas, cedamos a palavra a Eugène Canseliet:

"*Quando ele* (Fulcanelli) *me viu, voltou a chamar-me de você, como sempre fazia comigo: Mas, então, você me reconheceu? É difícil reconhecer uma criança quando ela chega aos vinte e cinco anos. Aqui é o caso oposto* [21]."

Mas, Canseliet revela-nos:

"*O alquimista que o consegue ingressa num eterno presente e, ao mesmo tempo, tem o conhecimento do passado e do futuro. Ele sabe tudo* [22]."

Poderíamos proceder, agora, a um estudo de conjunto das diversas "técnicas" de imortalidade e de rejuvenescimento. Estas se dividem, naturalmente, em três grupos: a *alquimia,* os processos

---

20. Robert Amadou, *Le Feu du Soleil. Entretiens sur l'alchimie avec Eugène Canseliet,* Paris (Pauvert) 1978, p. 67.
21. *Ibid.,* p. 123.
22. *Ibid.,* p. 94.

mágicos, os meios *"científicos"* (pseudocientíficos, dirão alguns). Não é preciso dizer que enumeramos esses métodos como mera curiosidade histórica e literária; o leitor não deve esperar *"revelações"* práticas sensacionais!

6. O elixir da longa vida

De acordo com a tradição, alguns dos mais célebres alquimistas teriam conseguido obter o misterioso "elixir da longa vida", dispensador de uma quase-imortalidade física: os nomes de Nicolas Flamel [23], do conde de Saint-Germain [24] e de Cagliostro [25] são suficientemente conhecidos. Essas lendas continuam a beneficiar-se, entre o grande público, de um imenso e muito compreensível prestígio: de Bulwer Lytton [26] a Jean-Louis Bouquet [27], passando por Balzac [28], inúmeros escritores recolheram como tema o *elixir da longa*

23. Léo Larguier, *Le faiseur d'or Nicolas Flamel,* Paris (Éditions Nationales), 1936, Epílogo.

24. O livro já citado, de Paul Chacornac, é uma obra absolutamente notável. Ele traz todos os esclarecimentos a respeito do mais estranho dos aventureiros. No mínimo, é curioso o fato de que a extraordinária figura de Saint-Germain, "o homem que venceu a morte", não tenha inspirado mais romancistas: além do livro célebre de Claude Farrère, *La maison des hommes vivants,* não conhecemos senão os dois romances (que se completam) de Robert Chauvelot, *Aïmata, fille de Tahiti,* e *Trois fakirs veillent* (Edições Baudinière, 1934). O conde representa um papel episódico em alguns outros romances (*Eternellement,* de Marcelle Vioux, um dos mais belos livros inspirados pela doutrina das vias sucessivas) e em diversos contos (cf. *La Peur de M. de Fierce,* na coletânea *Fumées d'opium,* de Claude Farrère). Henri Richard, em seu livro *Les demi-dieux immortels* (Paris, Les Livres Nouveaux, 1944), atribui muito curiosamente a imortalidade de Saint-Germain a um aparelho que produzia vibrações "integrantes" que prolongam a vitalidade.

25. Além da obra do Dr. Marc Haven, ver: Constantin Photiadès, *Les vies du comte de Cagliostro* (Paris, Grasset, 1932). Além do célebre *Joueur d'échecs,* de Henri Dupuy-Mazuel (cf. o estudo de J. J. Bridenne: *Le joueur d'échecs et sa littérature* (*Fiction,* n.º 16, março 1955, pp. 113 a 115), podemos citar, entre as obras romanescas nas quais aparece Cagliostro: *La Comtesse de Cagliostro,* de Maurice Leblanc, e *L'énigme du mort-vivant, ou le mystère de la Nativité julienne,* de Raoul Warren (Paris, Bordas, 1947).

Outros alquimistas teriam descoberto o elixir da imortalidade: Roger Bacon (herói da novela de Mack Reynolds: *Compagnon immortel, Fiction* n.º 12, nov. 1954, pp. 72-78), *Le Philalèthe,* etc.

26. Três romances de Lord Lytton têm como tema o elixir da longa vida: *The Hunters and the Haunted; A Strange Story; Zanoni.*

27. Na novela *Laurine ou la clef d'argent* (*Fiction* n.º 23, outubro de 1955, pp. 16-27).

28. Balzac, em um de seus romances, colocou em cena um misterioso personagem, o "Centenário" Maxime de Beringheld, detentor do segredo da

vida... É curioso notar que a lenda não poupou o "pai do racionalismo moderno": uma tradição pretende que Descartes conseguiu fabricar o elixir da longa vida, que seu enterro foi simulado, e que, desde então, ele vive como eremita na Lapônia [29]. É inútil observar que se trata de uma simples lenda, e que Descartes morreu mesmo em 1650.

Se as tradições relativas ao "elixir da longa vida" são extremamente antigas no taoísmo chinês [30], elas não aparecem antes dos séculos XIV e XV nos textos alquímicos do Ocidente [31].

Esse fato não implica, de modo algum, uma origem recente dessas concepções imortalistas; pelo contrário, o historiador das religiões pode constatar que a alquimia européia, por assim dizer, "tomou o lugar", dando-lhes uma formulação sistemática, dos velhos mitos de rejuvenescimento e de imortalidade física nos quais o príncipe ígneo — o Fogo cósmico, roubado aos deuses pelos Titãs — representava o papel principal [32]. Ora, a chave dessa arte *taumatúrgica* que é a alquimia não é acaso o paralelismo estabelecido entre as "operações" sutis pelas quais o adepto ilumina sua alma aprisionada nos corpos e as operações exteriores pelas quais ele liberta o Fogo divino, a Luz, o *Logos* aprisionado dentro de uma "casca" tenebrosa?

A alma humana é da mesma natureza que o "Fogo" cósmico, que o princípio ígneo, o *Spiritus Vitae* que anima a matéria e que, se se puder isolá-lo e materializá-lo, proporciona a juventude, a imortalidade. Esse "Fogo divino" pode ser encontrado numa das obras-pri-

---

imortalidade, e que não é ninguém mais senão o conde de Saint-Germain. Cf. também a pequena novela *L'elixir de longue vie.*

29. Cf. o capítulo sobre Descartes da *Histoire des Rose-Croix,* de F. Wittemans (Paris, Adyar, 1925).

30. Cf. F. Sherwood Taylor, *The Alchemists?* Londres (W. Heinemann, 1951), cap. VI. Ver também T. L. David e Lu-Ch'lang Wu, *An Ancient Chinese Alchemical Classic*: *Ko Hung on the Yellow and the White* (*Proceedings of the American Academy of Arts and Sciences,* vol. 70, n.º 6, dezembro de 1935).

31. Deve-se notar que, a esse respeito, existe um paralelismo cronológico entre a Europa e a Índia: "... *existe, assim, uma escola chivaíta de alquimistas, cujas teses são resumidas por Madhava, no século XIV*: *o mercúrio, chamado "príncipe dos sucos" e "aquele-que-proporciona-a-passagem-para-o-outro-mundo", garante ao aprendiz iogue uma longa vida e permite-lhe purificar-se sobrenaturalmente, de modo a obter um "corpo celeste" que será o suporte do estado ao qual ele aspira, o de Libertado vivo*" (Louis Renou, *L'hindouïsme,* coleção "Que sais-je?", n.º 475, p. 81).

32. Carl-Martin Edsman, *Ignis divinus. Le Feu comme moyen de rajeunissement et d'immortalité,* Lund, 1949.

mas do romance "ocultista" contemporâneo: *She* ("Ela"), de Henry Rider Haggard [33].

Se tentarmos — tarefa aventurosa, como sabemos! — interpretar de acordo com as teorias biológicas modernas o sonho dos alquimistas, podemos dizer que o *adepto* nada mais é que o "Super-homem", um *"mutante"* dotado de poderes excepcionais [34]. A esse propósito, um físico nuclear contemporâneo, Jacques Bergier, não tem medo de afirmar: *"De acordo com eles* (os alquimistas), *a manipulação apropriada do fogo e de certas substâncias permite que se transmudem os elementos e, o que é mais importante ainda, transforme-se o próprio experimentador. Este, sob a influência das forças emitidas pelo cadinho (hoje diríamos: pelas radiações emitidas pelos núcleos em transformação), ingressa em outro estado. Sua vida é prolongada indefinidamente, sua inteligência e suas percepções são desenvolvidas a um ponto extraordinário* [35]."

Se alguns alquimistas conseguiram obter o "elixir da longa vida", temos de admitir, pela mesma razão, que eles conseguiram um feito científico verdadeiramente extraordinário: suscitar, com a ajuda das radiações atômicas, "*mutações*" biológicas altamente favoráveis no corpo do adepto.

Embora não seja impossível *a priori,* semelhante resultado é altamente improvável; deve-se notar, aliás, que o "elixir da longa vida" é uma espécie de "super-Grande Obra", que só pode ser realizada depois de manipulações de natureza extremamente misteriosa, efetuadas sobre a própria Pedra Filosofal.

Quanto aos testemunhos, históricos ou recentes, relacionados com o conde de Saint-Germain ou com outros "Imortais", eles são — é o mínimo que se pode dizer — extremamente pouco convincentes [36].

De posse da pedra fundamental, disporíamos, *ipso facto,* de acordo com os adeptos, de uma "medicina universal", capaz de curar um

---

33. Esse romance tem uma seqüência: *Ayesha,* que foi, como o primeiro, traduzido para o francês pelas Edições Marabout (Verviers).

34. Num romance americano de *Science-fiction, The House that Stoeod Still,* de A. E. Van Vogt, fala-se de homens que chegaram à imortalidade após uma "mutação" biológica.

35. *Mystère et poésie au XVIe siècle* ("Bibliothèque Mondiale", vol. n.º 87; *Anthologie des poètes du XVIe siècle*), pp. 166-167.

36. Periodicamente, testemunhas afirmam *ter visto* o conde de Saint-Germain, mas nada permite que se confirmem essas declarações (Paul Chacornac, "ocultista" convicto, não hesita, contudo, em concluir que o "imortal" está morto, e bem morto...).

grande número de doenças e enfermidades. Indo mais longe, há quem pense que seria possível obter o *"elixir da longa vida"*, capaz de assegurar a conservação indefinida do corpo do adepto. Tratar-se-ia não de prolongar simplesmente a velhice, mas de realizar o velho sonho do doutor Fausto: a juventude eterna.

O famoso conde de Saint-Germain [37] seria um dos "grandes iniciados" que alcançaram esse estado de quase imortalidade física; com vários séculos de idade, dizia-se, ele tinha a aparência de um homem que ainda não ultrapassara os quarenta... É pelo menos o que afirma a tradição, pois sua morte é testemunhada por documentos dignos de fé [38]. Outros adeptos estariam entre esses privilegiados: Nicolas Flamel [39], um misterioso "signor Gualdi", que viveu em Veneza lá pelos fins do grande século [40], Cagliostro [41].

Nenhuma informação precisa é dada a respeito das operações que permitem a preparação do maravilhoso "elixir da longa vida", e os exemplos invocados em seu favor por numerosos ocultistas não são dos mais convincentes aos olhos do historiador: muitos testemunhos são até, digamos, muito suspeitos, porque são indiretos (do tipo: *"Alguém me afirmou que um de seus amigos viu Nicolas Flamel..."*). Contudo, em princípio, nada se opõe a que certos homens tenham descoberto um meio de viver muitos séculos conservando sua juventude. Mas — e isso é compreensível — parece impossível identificá-los no meio da massa!

Seria errado, contudo, julgar absurdas as lendas do gênero "Saint-Germain, o imortal"; mesmo quando os fatos invocados não são exa-

---

37. Paul Chacornac: *Le comte de Sain-Germain* (Paris 1947, Chacornac éditeur).

38. Chacornac, embora extremamente favorável ao esoterismo, é *formal* sobre esse ponto. Evidentemente, muitas pessoas afirmam ter "visto" o enigmático conde! Ver a 3.ª parte "Il était une fois..." do livro de P. Chacornac. O último "testemunho" é o de um aviador americano que teria sido cuidado, durante a Segunda Guerra Mundial, por Saint-Germain em pessoa, num mosteiro do Tibete...

39. Cf. Léo Larguier: *Nicolas Flamel, le Faiseur d'Or* (Paris, 1936, Éditions Nationales), Epílogo.

40. Ver Sédir: *Histoire et doctrines des Rose-Croix* (Paris 1932, Legrand éditeur, pp. 85-86).

41. Os partidários da sobrevida de José Bálsamo não deixam de apoiar-se sobre esse fato perturbador: quando as tropas francesas pediram para ver o local da sepultura do grande taumaturgo, ninguém, na fortaleza italiana de San Leo, foi capaz de fazê-lo.

tos, literalmente falando, eles não deixam de ter uma *significação* precisa no esoterismo tradicional[42].

As tradições relativas à juventude eterna, à longevidade, à imortalidade física, são encontradas em todas as épocas e em todos os países. É só lembrar a famosa "Fonte de Juvença" de que fala a mitologia grega; citemos também a doutrina taoísta dos "imortais"[43], a lenda de Frederico Barba-Roxa (que ilustra o curioso elo estabelecido, em certos mitos, entre o sono e a longevidade)... Esse velho sonho não deixou e jamais deixará de obcecar a imaginação humana.

Particularmente característicos aos olhos do historiador das religiões são os casos em que não se trata de uma imortalidade adquirida após a absorção de um "elixir", mas de uma imortalidade buscada pela imersão no *princípio ígneo,* fonte de toda a vida. Um historiador sueco das religiões, o professor Carl-Martin Edsman, publicou a esse respeito um livro apaixonante: *Ignis Divinus — o Fogo como meio de rejuvenescimento e de imortalidade*[44]. Nessa perspectiva, deveríamos mencionar o extraordinário romance esotérico de sir Henry Rider Haggard, *"She" ("Ela")* e sua seqüência: *"Ayesha"*[45].

"Contemplai a Fonte e o Coração da Vida, tal como ele bate no peito deste grande Mundo. Contemplai a substância da qual todas as coisas tiram sua energia, o resplandente Espírito *desse globo, sem o qual não podemos viver, mas devemos tornar-nos frios e mortos como a lua morta. Aproximai-vos, banhai-vos nessas chamas vivas e infundi em vosso pobre corpo sua virtude em toda sua força virginal, não tal como ela brilha fracamente em vosso peito, filtrada através das telas de um milhar de vidas intermediárias, mas tal como ela é, aqui, na Fonte, na própria nascente da Existência Terrestre*[46]."

Essas palavras de *"She"*, de *"Ayesha"*, mulher extraordinária que descobriu o segredo da divina "Fonte de Juvença", do Fogo cósmico, são as mais reveladoras, pois enunciam claramente o princípio fundamental das Operações alquímicas: *a própria identidade da alma indi-*

---

42. Cf. Chacornac: *Le comte de Saint-Germain,* 5.ª parte: "La légende du comte de Saint-Germain à la lumière des doctrines tradictionnelles". Ver também René Guénon: *Aperçus sur l'Initiation* (Paris, 1946, Chacornac éditeur), capítulo XLII, "Transmutation et transformation".
43. Cf. as obras de Maspero sobre o taoísmo.
44. Lund, 1949.
45. Num romance inglês de data mais recente: *"The Place of the Lion"*, de Charles Williams, o tema também é o "Espírito da Vida". Existe também o romance de Edgar Rice Burroughs: *Tarzan e o segredo da juventude.*
46. Cf. *"She"*, capítulo XXV: "The Spirit of Life" (tradução nossa).

vidual e da "Anima Mundi" de que ela é emanada, ambas aprisionadas dentro de uma "casca" tenebrosa: a matéria.

Voltando à pesquisa de um "elixir da longa vida", convém notar que esse objetivo foi perseguido muitas vezes com a ajuda de meios que não fazem parte do quadro da alquimia tradicional e mais relacionados com a magia ou a feitiçaria.

Existiram — como veremos — *"relógios mágicos"*, que andavam ao contrário e incorporavam nas peças de seu mecanismo fragmentos da carne de seus detentores, aos quais eles fariam "voltar no tempo" e reviver sua juventude física [47]. Por outro lado, homens houve que, para recuperar o sangue necessário à preparação de um elixir da imortalidade e da juventude, não hesitavam em cometer os mais repugnantes crimes ritualísticos. Citaremos apenas o monstruoso Gilles de Rays, que, com essa finalidade, mandou imolar centenas de crianças.

Voltemos à alquimia. Entre os alquimistas rosa-crucianos, dos quais Robert Fludd foi o mais ilustre [48], a procura da imortalidade atinge um nível vertiginoso. Não se trata mais de conseguir a longevidade, a juventude física, mas de alcançar, *desde esta vida,* a imortalidade dos *Bem-aventurados.* O perfeito Rosa-Cruz, o adepto que alcançou a "realização" suprema pode subir diretamente ao Céu, como Enoch e Elias, sem passar pela morte. Ele cria para si mesmo um "corpo glorioso", *semelhante ao de Adão antes da Queda*: ele "corporifica" seu espírito e "espiritualiza" seu corpo.

Concepções análogas existem no taoísmo chinês, com sua doutrina dos "Imortais" e seu rito de "libertação do Cadáver", resumido desta maneira por René Alleau:

"O Adepto era enterrado normalmente, mas sabia-se que se tratava de um simulacro, de uma espada ou de uma cana, magicamente semelhante à imagem carnal. Mas o verdadeiro corpo havia partido para viver entre os imortais..."

Com os Irmãos da Rosa-Cruz, a alquimia se torna, pode-se dizer, uma verdadeira *religião;* estamos singularmente longe da imagem popular dos "fazedores de ouro"!

---

47. Jacques Yonnet: *Enchantements sur Paris* (Paris, 1954, Denoël éditeur), pp. 9-16.

48. Cf. Serge Hutin: *Robert Fludd le rosicrucien* (Paris, 1953, Gérard Nizet, éditeur).

O estudo da alquimia, portanto, como facilmente pudemos deduzir, está ligado aos domínios insuspeitos das pesquisas. Para compreender a *Arte de Hermes,* a história das religiões e da mística é, em definitivo, de um bem maior auxílio para o pesquisador do que a história da química propriamente dita, por mais paradoxal que essa afirmação possa parecer, à primeira vista, ao grande público.

Pudemos constatar, e isso muitas vezes, como a alquimia tradicional ultrapassa singularmente o domínio de uma pesquisa puramente "técnica" das transmutações metálicas. Não seria porque ela de fato estaria ligada a todo um edifício especial de tradições mágicas, perpetuadas no transcorrer dos séculos?

Mas esse fascínio que ela exerce sobre a imaginação é muito mais excitado ainda quando pensamos na descoberta hermética do *elixir da longa vida.* Tornar-se imensamente rico? É uma perspectiva muito agradável, sem dúvida, mas que se choca, contudo, com os limites inexoráveis de uma vida humana; depois de tudo, como diz um adágio popular americano, *"as mortalhas não têm bolsos"*... Mas suponhamos que um homem tenha encontrado efetivamente a possibilidade de vencer o envelhecimento e a própria morte. Não disporia ele, então, da mais maravilhosa das possibilidades? *"Se a juventude soubesse, se a velhice pudesse"*...

Na verdade, teríamos de distinguir vários estágios na conquista, pelos alquimistas, do famoso *elixir da longa vida.*

Antes que tudo, o preparo do *ouro potável,* capaz de curar todas as doenças e de rejuvenescer as células do organismo.

Existiria também um preparado cujo efeito é causar, durante um lapso de tempo mais ou menos extenso, um repentino influxo de vitalidade que irradiaria em todo o organismo o jogo dos processos mentais. Tal seria o *Soma,* cujos efeitos psicofisiológicos nos são relatados por Raymond Bernard, que os viveu numa reunião noturna dos Rosa-Cruzes em seu santuário secreto, em Lisboa, da seguinte maneira: "..., *de repente, um extraordinário estado de bem-estar físico, uma paz interior inexprimível* (...), *minha lucidez foi elevada ao mais alto grau possível para uma criatura humana* (...).

"Os diversos níveis do ser pareciam estar reunidos num todo harmonioso e consciente (...). *Todo o meu ser, com seus múltiplos veículos, encontra-se simplesmente num nível de unidade e de percepção infinitamente mais vasto*[49]..."

---

49. *Les maisons secrètes de la Rose-Croix* (Villeneuve Saint-Georges, Éditions rosicruciennes, 1970), pp. 116-117.

Mas isso ainda não seria, evidentemente, o verdadeiro *elixir da longa vida,* aquele cuja absorção daria ao adepto o poder de vencer a velhice e a morte física. Voltaremos a essas belas lendas, tão fascinantes, é preciso confessá-lo, de alquimistas que, como Nicolas Flamel, o conde de Saint-Germain e outros adeptos menos conhecidos (orientais ou ocidentais), teriam descoberto o verdadeiro segredo da imortalidade física, o que lhes permitia zombar da inelutável sorte dos mortais[50].

Haveria, até, um último estágio, que se situaria além ainda de uma prolongação indefinida da existência física: aquele no qual o adepto, ultrapassando as impiedosas limitações terrestres de espaço e de tempo, seria transportado para um outro plano de manifestação, no qual ele passaria a rir das contingências (inexoráveis para o comum dos mortais) às quais nós, os mortais, estamos condenados. Dessa conquista demiúrgica, Eugène Canseliet não duvida mais do que seus antepassados (ilustres ou menos conhecidos) de outrora ou de ontem. Deixemos que ele fale:

"Ele (Fulcanelli) *não está mais lá. Ele está na terra, mas no* Paraíso terrestre[51]" — "*... para eles* (para os adeptos), *o tempo não conta*[52]..." *"Ele* (Saint-Germain) *está no presente eterno, e sabe tudo*[53]."

O alquimista vitorioso realizaria o sonho imaginado (revivido, mais exatamente) pelos autores de ficção científica: imaginar que o homem possa gozar, não só da extensão, mas da duração: "... *na mansão em que revi Fulcanelli,* não hesita em declarar-nos Canseliet, *já estavam alguns contemporâneos de Felipe II* (...). *Como não me haviam proibido de olhar pelas janelas, eu contemplava aquela escadaria com seus planos sucessivos, muito bonitos, e crianças que brincavam."* — *"Todas as pessoas haviam conservado seus hábitos. Vi algumas que caminhavam por um caminho de areia e eu ouvia a areia ranger sob seus pés."*

Estamos em pleno domínio do maravilhoso! Contudo não existe, acaso, sempre escondida em cada um de nós (mesmo entre os céticos endurecidos), a tendência para acreditar, quem sabe, que uma tão extraordinária vitória mágica sobre o tempo e sobre a morte

---

50. São muitos os mitos clássicos, como o da *Fonte de Juvença.*
51. R. Amadou, *Le Feu du Soleil,* p. 121.
52. *Ibid.,* p. 125.
53. *Ibid.,* p. 128.

seria perfeitamente possível? Antes de mais nada, por que isso não seria possível?...

É verdade que o adepto, pelo fato de poder vencer o envelhecimento e a morte e, o que é mais, de passar além das limitações comuns de espaço e de tempo, zombaria não apenas do inexorável fim físico que espreita cada um de nós (que somos, afinal, mortos com *sursis*...) mas também dos limites instaurados em cada fim de um ciclo de civilização, a menos que queiramos libertar-nos definitivamente do plano em que nos encontramos.

Trata-se de um sonho que todos os homens, até agora, julgaram inacessível: a vitória sobre a morte, sobre a senilidade. Poderia ele tornar-se realidade neste quase início do século XXI? Marcel Pouget julga isso possível. Em 1971, ele publicou uma obra, "*A imortalidade física*" (Ed. Publications Premières), onde afirma sua fé no aparecimento de um ser humano imortal.

Como aceitar semelhante idéia? A "perecibilidade" irremediável da criatura humana não é, acaso, a única coisa a cujo respeito estão de acordo todas as ciências e todas as religiões?

Essa é a objeção que fazem, em primeiro lugar, as pessoas chamadas de "racionais". E acrescentam que semelhante prodígio não é algo que se deva desejar: nosso planeta já está superpovoado. E, depois, um processo de evolução teria fatalmente de continuar a intervir com a sucessão das gerações.

Enfim, o personagem "imortal" sucumbiria, muito depressa, num tédio desesperador.

Sem dúvida, responde Marcel Pouget, com os hábitos atuais, o homem, para falar a verdade, não deseja uma vida física sem fim. Mas isso ocorre apenas porque sua razão mandou que ele rejeitasse de uma vez para sempre tais pensamentos: na realidade, *esse desejo é o mais forte que ele carrega em si mesmo,* mas ele não tem consciência disso. Aliás, são muitas as pesquisas feitas por alguns homens nesse sentido, apelando, por exemplo, para a alquimia e a magia.

O que equivale a dizer que a noção de impossibilidade é sobretudo o fruto amargo de decepções registradas durante as experiências efetuadas no passado. Bastaria, portanto, que uma única pessoa conseguisse esse quase milagre — que ela se ponha, por exemplo, a rejuvenescer regularmente no transcorrer dos anos como se "vivesse ao contrário" — para que essa mentalidade mudasse por completo: a esperança rejeitada durante tanto tempo renasceria imediatamente.

Isso é o que acontecerá, talvez, como já dissemos. Mas o que é preciso compreender é que esse resultado de ser fisicamente imortal só poderá ser obtido se nos voltarmos cada vez mais e melhor para o nosso mundo interior, que Marcel Pouget chama de *microcosmo*.

O autor explica, além do mais, como penetrar nesse "mundo interior", quais as práticas regulares pelas quais poderemos chegar a ele. Esse percurso só pode ser percorrido de forma muito progressiva. Trata-se de melhorar, primeiro, o centro cerebral a partir do qual se comanda a ação. Depois — sem recorrer a constrangimentos, mas apenas mantendo um ambiente favorável — pode-se cuidar da educação das criaturas microscópicas que comandam toda a nossa vida biológica: o que a ciência chama de *neurônios,* sem discernir, contudo, suas possibilidades transcendentes.

Podemos fazer com que esses neurônios adquiram, ou podemos desenvolver neles as qualidades ou virtudes que permitirão aumentar a vida física, sustentáculo da vida espiritual.

Na base dessa melhoria das criaturas microcósmicas superiores está, antes de mais nada, a virtude do exemplo: o experimentador deve mostrar-se sem defeito em sua vida quotidiana, frente aos acontecimentos e às dificuldades do mundo exterior. E, muito especialmente em sua vida social, ele deve recusar toda violência, toda mentira, toda forma de intolerância ou de egoísmo: ele deve fazer da paciência a virtude cardeal por excelência.

Os iogues ortodoxos e, mais particularmente, os mestres do pensamento hindu, conhecem bem essa influência do exemplo e sua eficácia no nível biológico, do mesmo modo como conhecem o interesse maior do microcosmo. Mas eles não estão à procura dessa imortalidade física que Shri Aurobindo, um dos maiores entre eles, foi o primeiro a declarar possível.

É por isso que, embora tenha estudado muito essa filosofia e suas práticas, não foi deles que Marcel Pouget soube seu segredo. Mas, que segredo é esse? Nosso autor notou que, em toda criatura dotada de um mínimo de consciência, a vitalidade resulta sempre do jogo de uma oposição. Essa oposição manifesta-se num certo número de níveis corporais. Em particular o do pensamento e o dos sentidos, voltados, em parte, para o exterior e, em parte, para o interior.

Ora, desses princípios opostos, o homem, em sua vida normal, voltado para a vida do mundo interior ou para o microcosmo, continua enfraquecer-se cada vez mais e enfraquece progressivamente, ao mesmo tempo que ele, a importância da oposição de onde a pessoa tira sua vitalidade. É assim que se explica a senilidade.

Se, agora, por meio de práticas ou de exercícios apropriados, o homem remonta periodicamente ou quotidianamente ao mecanismo que o faz viver (fortalecendo, portanto, essa oposição), então ele pode desenvolver o processo inverso do da senilidade graças a essa remontagem comparável à de um relógio, mas sempre lutando contra o tempo. Assim, pouco a pouco, insensivelmente, poderemos aproximar-nos de uma nova juventude, mas de uma juventude que, desta vez, terá consciência de si mesma e poderá manter-se sem limite de duração.

A disciplina preconizada apresenta, sem dúvida, certa analogia com o tratamento homeopático ou com a seroterapia. Combate-se o mal com o mal, no caso, a marcha para a morte "total" pela da morte "parcial", voluntariamente provocada e, portanto, revogável; é o que certos técnicos da ioga chamam, com propriedade, de *pré-agonia.* Seu imobilismo, que pode ser comparado à morte, tem como efeito a dinamização vigorosa das forças adversas, as forças da vida. É o que acontece, por exemplo, com o afrouxamento e, depois, com a suspensão voluntária do curso do pensamento, do domínio da natural avidez respiratória, da colocação fora de circuito ou de domínio, por ocasião do ato sexual, de todo o mecanismo da reprodução.

Notemos, ainda, que através do silêncio do pensamento podem-se adquirir conhecimentos que, por subjetivos que sejam aos olhos do homem de ciência, nem por isso parecem menos capazes de fornecer preciosos ensinamentos sobre a condição humana e o possível futuro da humanidade.

Durante sua ascensão longa e progressiva rumo ao ponto a ser atingido, o experimentador desenvolve cada vez mais sua sensibilidade, particularmente no domínio tátil. Esse aumento permite que ele perceba as chamadas sensações "sutis", que lhe proporcionam um apoio ao mesmo tempo vital e físico dos mais poderosos.

Essa sensação lhe dá a primeira revelação sensorial do ilimitado que, até então, não passava de uma noção puramente intelectual e, além do mais, pouco entusiasmante. Por outro lado, uma tatilidade muscular fortemente aumentada permite que se tenha a sensação de bem-estar renovado a cada instante, bem-estar esse que se impõe à consciência. Esta, a partir de então, aprecia em seu justo valor a excepcional importância do corpo físico muitas vezes desprezada porque incompreendida.

Enfim (mas existe apenas um exemplo conhecido disso), parece que o experimentador já adiantado nunca mais ficaria doente. Em certos casos, ele teria até a possibilidade de aliviar ou mesmo de curar seus semelhantes usando seu magnetismo pessoal.

Resta ainda a questão de se saber se qualquer criatura humana, suficientemente evoluída, mediante um esforço perseverante e bem conduzido, pode atingir esse estado que concretiza, sem dúvida, a próxima mutação evolutiva oferecida à criatura superior. O autor de *"Imortalidade Física"* acredita, de sua parte, que esse objetivo está ao alcance de muitos dentre os civilizados.

Semelhante experiência não mereceria, a partir de agora, ser tentada por todos aqueles que têm essa possibilidade? Em todo caso, esse é o desejo formulado por Marcel Pouget. Ele só publicou sua sábia obra na esperança de ver aparecerem resultados tão maravilhosos.

Em alquimia espiritual, a procura do *elixir da longa vida* encontraria sua contrapartida na aspiração libertadora de conquistar, para além das lutas e sujeições do plano sensível, o estado de *Paz Profunda*, marca interior do verdadeiro Rosa-Cruz. E citaremos estas palavras do padre Trithème:

"Viverá feliz quem for tranqüilo como uma criança."

O *elixir da longa vida* dotado do poder vital tão maravilhoso de vencer o inelutável envelhecimento do corpo físico e de triunfar sobre a própria morte poderia muito bem ser considerado simbólico, porque maravilhoso demais — infelizmente! — para corresponder à realidade biológica. Mas nem por isso, tanto no Oriente como nas tradições herméticas ocidentais, ele deixa de figurar entre os objetivos práticos maiores da alquimia tradicional.

Além das lendas fantásticas — sempre vigorosas — e cuja tendência é reaparecer (hoje elas fazem uso até das *mass media*) sobre o conde de Saint-Germain, existe uma multidão de contos análogos citados em favor de uma conquista efetiva do famoso elixir da longa vida por uma minoria de adeptos. Infelizmente, é muito raro que se possa dispor de elementos precisos que possibilitariam a organização de um dossiê: trata-se, em geral, de narrativas nas quais, infelizmente, o remédio miraculoso não nos é revelado. Quanto a provas efetivas da "imortalidade" do conde de Saint-Germain ou de outros, muito dificilmente poderiam ser descobertas. É o menos que se pode afirmar.

A transmutação do chumbo em ouro? Um objetivo, uma esperança que fascina a imaginação, apesar da existência de tantos outros métodos, de tantos outros meios aptos a proporcionar fortuna aos homens. É um pouco — mas multiplicado por dez — como a auréola mágica que se prende em torno da descoberta de um enorme tesouro escondido. Enriquecer mediante um trabalho encarniçado ou mediante investimentos financeiros inteligentes durante anos é muito prosaico. Ganhar no primeiro páreo (quando os *outsiders* triunfam apesar da sábia opinião dos turfistas inveterados), ganhar o primeiro prêmio na loteria nacional ou acertar em todos os números da loto, isso já excita muito mais, pelo contrário, nossa imaginação. Mas conseguir, por seus próprios esforços, fabricar o metal precioso, não seria muito mais fantástico ainda, muito mais fascinante, muito mais excitante?

7. O relógio mágico

Entre os processos de natureza mágica postos à obra por certos homens para conseguir a longevidade e a juventude físicas, o mais curioso é o do "relógio mágico", que anda *"para trás"* e incorpora em seu mecanismo uma pequena porção da carne de seu detentor, ao qual ela permitiria, diz-se, percorrer ao contrário o trecho da existência já vivido. Mas existe aí um inconveniente: o indivíduo será obrigado a reviver sua juventude, depois sua infância, e isso, até a data de sua vinda ao mundo; seria possível remediar esse inconveniente com a ajuda de um engenhoso aperfeiçoamento imaginado pelo relojoeiro Oswald Biber: *"Os ponteiros rodam, alternativamente, para a esquerda e para a direita... Assim, envelheço e rejuvenesço um dia em dois."* Isso, sem dúvida, é muito cômodo! O leitor interessado em lendas (sempre muito engenhosas em certos velhos bairros de Paris) a respeito desses "relógios" místicos deve consultar o capítulo correspondente do apaixonante livro de Jacques Yonnet [54].

8. Outros vampirismos

Existem outros métodos "mágicos" de rejuvenescimento, métodos particularmente sinistros e cujo princípio básico é o *vampirismo.*

Claude Farrère, em seu romance *"A Casa dos Homens Vivos"* [55], faz residir no seguinte o segredo da imortalidade descoberto pelo conde de Saint-Germain: captando, com a ajuda do magnetismo, o "fluido vital" de pessoas jovens, o "Imortal" pode renovar continuamente sua própria existência [56].

Outro tipo de vampirismo: o vampirismo de ordem *sexual.* Sabe-se que a sexualidade é considerada, por todas as magias, uma extraordinária possível fonte de energia "fluídica" e metafísica: essa crença encontra-se, por exemplo, nos ritos tântricos da Índia e no "Sabbat" dos feiticeiros europeus. Nessa perspectiva, a união dos sexos pode ser concebida como o meio por excelência que permite "captar" essa energia: de onde a crença segundo a qual certas mulheres seriam capazes de apropriar-se, por esse meio, da "força vital" de um parceiro jovem. Antinéia, a heroína da *"Atlântida"* de Pierre Benoit, é um "vampiro" desse gênero: ela conserva sua juventude a expensas da própria vida de seus sucessivos amantes.

Alguns homens não hesitaram diante dos crimes mais monstruosos: na esperança de obter o maravilhoso "elixir da longa vida", Gilles de Rays não hesitou diante do assassinato de várias centenas de crianças [57].

---

54. *Enchantements sur Paris* (Éditions Denoëel, 1954), pp. 13-16.
O tema do relógio detentor do segredo da imortalidade aparece num conto fantástico de Robert Gauchez: *Les cinq visites* (*Fiction,* n.º 7, junho 1954, pp. 30-51).

55. Editora Flammarion.

56. Essa idéia está longe de ser absurda; contrariamente ao que afirmam de uma maneira peremptória tantos autores atuais, pensamos que o magnetismo não se reduz à simples "sugestão"; e apenas uma parte de suas aplicações foram entrevistas...

57. Não há dúvida alguma de que Gilles quis conquistar a qualquer preço a juventude eterna; mas, depois, ele se afastou bastante desse objetivo a ponto de não pensar mais, dominado inteiramente por seus instintos sádicos, senão em gozar com o sofrimento de suas vítimas...

Lembremos, para terminar, que Alexandra David-Neel revela a existência, entre os feiticeiros *Bons*, do Tibete, de uma técnica particularmente macabra para a obtenção do "elixir da longevidade"[58].

9. Do mito à realidade

Na época em que vivemos, o mito do "elixir da longa vida" costuma revestir-se de uma aura *científica*, mantendo sempre sua ligação com os antigos mitos.

É o caso, por exemplo, das histórias de "ficção científica" baseadas no tema da *hibernação artificial*[59]. Antes mesmo que os médicos concebam a possibilidade dos métodos desse gênero, existia a crença popular segundo a qual, em certos casos, o congelamento brusco permitiria ao corpo humano a suspensão total de suas funções durante um número mais ou menos grande de anos, despertando a pessoa, depois desse lapso de tempo, com um corpo absolutamente intacto, sem ter sofrido nenhuma modificação (cf. *"O homem da orelha rasgada"*, romance — injustamente esquecido — de Edmond About).

Outra "técnica", muito mais ambiciosa, não hesita em utilizar as teorias contemporâneas sobre o espaço e o tempo. René Barjavel — que durante certo tempo, é bom lembrar, foi discípulo do "mago" Gurdjieff — enuncia do seguinte modo o princípio em que se baseia essa técnica, em seu "romance extraordinário *"O Viajor Imprudente"*[60]: *"Imaginem... essa alma condenada à queda. Ela liga-se àquilo a que chamamos vida, para ela uma espécie de corredor, de túnel vertical, cujas paredes materiais lhe escondem até a lembrança da maravilhosa manhã. Ela nem pode subir, nem se deslocar para a direita ou para a esquerda. Ela é inexoravelmente atraída pela morte, para o fundo, para a outra extremidade do túnel, que desemboca sabe Deus onde, em algum inferno terrível ou no paraíso reencontrado. Essa alma são vocês, sou eu, durante a nossa vida terrestre, nós que caímos em queda livre durante esse tempo, como seixos que escapam da mão de Deus (...). Se eu conseguir, continua Essailon, a mudar a densidade dessa alma, desse seixo, poderei tanto acelerar sua queda como detê-la. Poderei*

---

58. *Magie d'amour et magie noire*, Paris (Plon), 1932, caps. V e VI.
59. Cf. *Disparue en mer*, novela publicada depois de *L'énigme du mort-vivant* (pp. 235-267), de Raoul de Warren (Paris, Bordas, 1947).
60. Paris (Éditions Denoël), 1944.

até mesmo libertá-la do peso que a lança para o futuro e fazê-la voltar para o passado" [61]. Essa maravilhosa invenção tornará possíveis as mais desmedidas ambições: *"Chegados aos quarenta anos, vocês decidem recomeçar a vida, e voltam à adolescência, e iniciam, com um corpo todo novo, uma nova existência. Evitarão as desgraças por que passaram nos primeiros tempos de vida e agarrarão as coisas felizes que evitaram vocês. E poderão recomeçar cem vezes. Serão suas todas as ciências do mundo, vocês falam todas as línguas do mundo, amam todas as mulheres, são íntimos de todos os contemporâneos.*

Vocês viram, ouviram, conheceram tudo. Vocês são Deus..." [62]

Sem dúvida, tal perspectiva, que "einsteniza", se ouso me exprimir assim, os míticos "relógios de voltar no tempo" do senhor Biber, provoca urros nos sábios "racionalistas", que gritam falando em "delírio", em mentalidade "pré-lógica..." [63] Contudo o que pode haver de absurdo em pensar que, num futuro mais ou menos próximo, as teorias de Einstein e as geometrias não-euclidianas possam ser usadas para construir a *time machine* imaginada por H. G. Wells? Em todo caso, o tema das *Viagens no tempo,* quer se queira quer não, já é clássico na literatura fantástica ou de antecipação [64]. E terminaremos fazendo a seguinte pergunta: existe algum meio que impeça o espírito humano de sonhar, de imaginar, de "delirar"?

São raras, sem dúvida alguma, as pessoas — mesmo entre aquelas não precisamente levadas a deliciar-se apenas com a leitura de histórias fantásticas e de ficção científica — que não se deixarão enlevar pela leitura apaixonante de uma história (romance ou novela) baseada numa total vitória do homem sobre o envelhecimento e a morte. Esse tema instigante provocou na literatura autênticas obras-primas, algumas delas hoje célebres (por exemplo, o *Zanoni,* de Bulwer Lytton), além de outras injustamente esqueci-

61. Pp. 25-26.
62. *Ibid.,* p. 31.
63. A título de curiosidade, devemos dizer que uma das teorias mais aventurosas sobre os "discos-voadores" afirma que estes últimos são máquinas de explorar o tempo pilotadas por nossos próprios descendentes.
64. Vejam, no "fantástico" propriamente dito, as obras-primas de um H. P. Lovecraft, de um Jean Ray... e, nas S. F. (*de acordo com o original*) a obra-prima, já citada, de Barjavel... Muitas vezes, ao Diabo é que é atribuída a confusão causada no *continuum* espaço-temporal (cf. Pierre Aubert, *Une musique dans la nuit,* em *Fiction,* n.º 29, de abril, 1956, pp. 39-43; e o romance de Virgil Markham, *Le Diable mène la danse,* publicado pela editora Gallimard).

das. Citemos nesta segunda categoria *"O Elixir da Vida"*, obra escrita em 1919 pela romancista russa Krijanovskaia e que, embora traduzida para o francês e publicada numa tiragem muito pequena em 1921, não teve nenhum sucesso em nosso país. No entanto não pode haver livro mais fascinante e que revele, no autor, um grande conhecimento das verdadeiras tradições alquímicas.

Como poderíamos ficar insensíveis à fantástica cena — tão bem estilizada no desenho da capa — que nos introduz na sala misteriosa em que se realiza a ressurreição física dos adeptos pelo Fogo regenerador?

10. Transcender os limites humanos

Se existe um velho sonho humano que sempre fascinou e cativou a imaginação, tanto a dos espíritos simples e maravilhados quanto a das pessoas instruídas, é exatamente este: escapar não só à doença, mas ao envelhecimento físico; conseguir ultrapassar os limites comuns de uma vida humana. Esta nos parece bem curta, mesmo se — e é este freqüentemente o caso — uma morte brutal ou a doença não lhe põem um fim prematuro. Pior ainda: na verdade, como declarava um humorista, envelhecer, com as misérias que isso implica, continua a ser o único meio que se encontrou para viver muito. Ora, a idade muito avançada não é absolutamente, no plano fisiológico, uma condição muito invejável. Mas, se doenças e achaques não a tornarem muito penosa, mesmo assim trata-se de um período marcado pela decrepitude física, pelo triste declínio das possibilidades positivas da vida. Esse é o motivo pelo qual, no plano do tempo vivido, não é exato considerar que, para um homem destinado a viver, digamos, oitenta anos, os quarenta marcariam uma divisão aritmética igual entre o que seriam as duas metades do filme de sua vida. De fato, esse indivíduo achará que já "rodou" (para usar a linguagem dos cineastas) toda a extensão do filme: na primeira metade de sua vida (esta é uma das características psicológicas da espécie humana) pelo longo tempo gasto na primeira infância para adquirir as atitudes, os mecanismos, os hábitos indispensáveis à sobrevivência; na segunda metade, pelo risco de ver suas possibilidades construtivas consideravelmente reduzidas no último período, que se estenderá, digamos, dos sessenta e cinco aos oitenta anos.

Não é, portanto, à simples *longevidade* que se limitam os sonhos, as esperanças dos homens mais loucos; o que se quer é uma vitória física completa sobre a morte; é com a *imortalidade* física que se sonha, é isso o que se deseja. Quando bebeu o elixir do rejuvenescimento dado por Mefisto em troca de sua alma, o velho doutor Fausto, que reencontra, embriagado de alegria, o seu corpo de vinte anos, canta — na ópera de Gounod — a adaptação popular mais conhecida na França do *Primeiro Fausto* de Goethe: *"A mim os prazeres, as jovens amantes!"*

Mas, mesmo deixando de lado a perspectiva, sem dúvida tentadora, de prolongar, de viver, de tornar a encontrar a possibilidade dos prazeres físicos vividos na juventude, ninguém poderá negar que são muitas as existências humanas (se não são todas) que terminam muito antes de terem podido dar toda a sua medida em matéria de realizações positivas, construtivas (incluindo as maiores) que lhes restavam por terminar. O destino da quase totalidade de todos nós poderia comparar-se, para usar uma imagem ferroviária, ao de um viajante que, obrigado a descer prematuramente do trem Paris-Moscou muito antes do fim da viagem, ficará desesperado ou viverá a mais aflitiva tristeza ao descobrir que é incapaz, por força maior, de tratar dos importantes negócios que ia resolver na capital russa. Isso sem mencionar as separações tão dolorosas das pessoas que lhe são caras, separações que, infelizmente, são a conseqüência de uma morte prematura.

Poderíamos citar mais alguns romances fantásticos ou de ficção científica, todos inspirados pelo tema fascinante da vitória sobre a velhice e sobre a morte. De René Barjavel devemos citar, ainda, *"Le grand secret"* (Presses de la Cité, 1973).

Mas, entre as obras-primas que também se baseiam no tema da imortalidade física, poderíamos citar um romance francês injustamente desconhecido: *L'aventure commence ce soir,* ("A aventura começa nesta noite"), de Robert Collard (Editions Colbert, 1943), também adaptado para o cinema, em 1964, sob o título *Un soir par hazard* ("Certa noite, por acaso"). Citemos também o livro, aliás célebre (pois inspirou dois filmes, um feito entre as duas guerras, o outro recente): *"Horizonte perdido"*, de James Hilton. Trata-se de um misterioso mosteiro, no Tibete, Shangri-lá, situado numa remota região da Ásia central. O envelhecimento das pessoas ocorre num ritmo incomparavelmente mais lento que em qualquer outro lugar do mundo: o herói deixará, portanto, Shangri-lá na companhia de uma jovem mulher. Mas esta, uma vez chegado o casal a uma região normal, envelhecerá o equivalente a toda uma longa vida no espaço de alguns meses.

Atribuíram-se imortalidades legendárias a diversos personagens e não apenas ao tão famoso conde de Saint-Germain. Algumas até dizem respeito (como vimos) a personagens inesperados. Daniel Huet, bispo de Abranches, por exemplo, menciona um estranho boato (que ele ficara sabendo por intermédio do embaixador da França na Suécia, Chanut) que correu por Estocolmo alguns meses depois da morte do filósofo René Descartes, em 1950. Falou-se então, na capital da Suécia, que os funerais do filósofo haviam sido simulados; que um cadáver qualquer (tão fácil de encontrar num anfiteatro de anatomia) teria tomado o lugar dos despojos do autor do *"Discurso sobre o Método"*. Este, sob um nome falso, ter-se-ia retirado para a Lapônia, para aí viver como eremita. Efetivamente, sabe-se que Descartes (a história continua fantástica, evidentemente) interessara-se muito pelo problema do prolongamento da vida e que ele havia mesmo declarado que achava perfeitamente possível a fabricação de um elixir que o faria viver durante cinco séculos.

Nesta breve exposição, apenas podemos dar um panorama muito geral do problema do rejuvenescimento e da imortalidade. Por isso, permitimo-nos indicar ao leitor um pequeno livro que escrevemos (publicado por Marabout, na coleção "Univers secrets"): *L'immortalité magique dans les traditions et face à la science* ["A imortalidade mágica nas tradições e diante da ciência"].

É fácil notar que, se a época atual prefere tentar formular o problema da imortalidade física em bases científicas ou pseudocientíficas, as perspectivas tradicionais preferiam, de acordo com o caso, ver nisso algo de divino ou, pelo contrário, de diabólico.

De divino? Não nos esqueçamos de que a queda original, de acordo com a tradição bíblica, fez com que o primeiro homem percebesse a imortalidade. E, igualmente, que a ressurreição do Cristo faz parte dos dogmas centrais do cristianismo, que outro dogma fala de uma futura ressurreição da carne e não apenas de uma futura imortalidade que seria puramente espiritual. Lembremo-nos do versículo do Apocalipse (II,7): *"Ao vencedor, darei a comer da Árvore da vida que está no paraíso da Divindade."*

Estudando o caso de estranha conservação, depois da morte, do corpo de certos santos, o doutor Hubert Larcher escreveu um livro estranho e apaixonante *Le sang peut-il vaincre la mort?* ["Pode o sangue vencer a morte?"] (Gallimard).

Por outro lado (como no mito do doutor Fausto), a vitória sobre a velhice e a morte — e esta é a outra face das lendas — pode parecer como algo diabólico. À conservação miraculosa dos corpos dos santos e dos bem-aventurados opõe-se, em contraponto sinistro, a imortalidade física *post mortem* conseguida pelos vampiros (essa lenda não se limita apenas à Europa Central, é preciso lembrar), às expensas do sangue de jovens vítimas cheias de vida.

A idéia de prolongar a juventude do corpo, de alongar consideravelmente o período ativo da existência humana comum continua a ser uma antiga esperança da medicina. Os médicos alquimistas trabalhavam nisso arduamente.

Vamos transcrever uma passagem do *Rosier des philosophes* ["Roseira dos filósofos"], de Arnauld de Villeneuve: *"A pedra filosofal cura todas as doenças, tira o veneno do coração, umedece a traquéia arterial, liberta os brônquios, cura as úlceras. Ela cura, num dia, uma enfermidade que duraria um mês; em doze dias, uma enfermidade de um ano, e num mês uma enfermidade mais longa. Ela restitui aos velhos a juventude. É uma Fonte de Juvença."*

E o monge Roger Bacon, outro célebre alquimista da Idade Média, escrevia no capítulo VIII de sua *"Carta sobre os segredos da natureza": "O ponto mais alto a que a arte (a alquimia) pode chegar por meio de todo o poder da natureza é o prolongamento da vida humana durante um longo tempo."*

Eis a curiosa história (que não carece de humor), encontrada por Bernard Husson (e citada na obra de Jacques Sadoul: *Le trésor des alchimistes* ["O tesouro dos alquimistas"], Paris, Edition spéciale, 1971, pp. 40-42), nos papéis de família de Saint-Clair Turgot (ancestral do célebre ministro de Luís XVI). O médico deste relatava o seguinte caso, acontecido no início do século XVI: um conselheiro de Estado mantinha uma ligação com uma senhora que ele recebia todas as tardes em seus aposentos particulares, e isso há quase dez anos. Esta, preocupada com sua respeitabilidade, fazia-se acompanhar por um velho escudeiro, mestre Arnaud, que a esperava no estabelecimento de um boticário vizinho, com o qual acabara travando amizade. Este há mais de vinte anos que vinha tentando encontrar a Pedra Filosofal; ora, num dia em que Arnaud entrava em sua oficina, o boticário precipitou-se sobre ele, gritando: *"Pronto, encontrei, encontrei! — Encontrou o quê? — Mas... a Pedra, Arnaud, o elixir! — Esta manhã transmudei em ouro uma dúzia de velhas colheres de estanho: quanto ao licor da vida, ei-lo* (e brandiu um frasco contendo um líquido incolor). *Bebamo-lo agora, caro amigo, em nossa idade esse tipo de coisa nunca é demais."*

Dizendo isso, encheu uma colher com o elixir, engoliu-o e convidou mestre Arnaud a fazer o mesmo. Este, desconfiado, colocou apenas algumas gotas do líquido sobre a língua; nesse instante, mestre Arnaud foi salvo dessa situação embaraçosa pela chegada de um de seus lacaios, que fora adverti-lo de que sua senhora já deixava a casa do conselheiro e que ele deveria ir ao encontro dela. Arnaud entregou de volta ao boticário o elixir e se esquivou tão depressa quanto suas velhas pernas lhe permitiram.

Durante o trajeto de volta, ele foi bruscamente tomado de suores frios, logo seguidos de febre alta. A dama, preocupada com a vida de seu fiel escudeiro, mandou que um de seus lacaios fosse procurar o boticário que, ela sabia, era amigo de Arnaud. O lacaio voltou sozinho: o boticário acabara de morrer de repente; Mestre Arnaud logo ficou bom, não sem antes ter perdido os cabelos, as unhas e até os dentes. Saint-Clair Turgot, posto a par desses fatos estranhos, foi interrogá-lo pessoalmente. Após terem conversado, ele comprou dos herdeiros do boticário todos os seus bens, mas nem ele nem Arnaud puderam encontrar o elixir filosofal, pois na botica havia centenas de frascos idênticos, sem nenhum rótulo que os identificasse.

Passados muitos anos, o conselheiro contou esses fatos a seu novo médico pessoal que, depois da morte de Saint-Clair Turgot, escreveu um relato pormenorizado a respeito. Ele contou, ainda, que os cabelos, as unhas e os dentes de Arnaud tornaram a crescer e que, no momento em que redigia suas memórias, o escudeiro continuava muito jovem ainda, apesar de seus cento e vinte e três anos.

11. A biologia e a ciência

O que pensam os médicos de hoje? Eles admitem que, em nossos dias, um número crescente de pessoas (deixemos evidentemente de lado o problema da poluição, e não falemos das hecatombes bélicas, infelizmente possíveis) pode esperar contar com um prolongamento não desprezível de seu período ativo de vida. Não apenas já se curam ou se aliviam casos que antes teriam causado a morte do paciente ou, pior, a ruína orgânica precoce (resta ainda muito a fazer, infelizmente, com relação ao câncer e a outras doenças terríveis), mas já existe um conjunto de tratamentos especiais destinados a retardar o aparecimento da velhice. Citemos: o enxerto de órgãos (o método Voronoff, que teve sua hora de celebridade antes da Segunda Guerra Mundial; o de Niehans, etc.), as curas geriátricas da médica rumena Aslan, o soro do médico soviético Alexandre Bogomeletz e o de René Quinton, à base de água do mar [65], etc. Mencionemos, apenas para lembrar (trata-se, é verdade, de simples paliativos externos, mas que não devem ser desprezados), a cirurgia estética, as massagens, os tratamentos dos institutos especializados, etc.

Há também o fato inegável (e este é, sem dúvida, uma das raríssimas atitudes positivas do homem de hoje em relação às gerações anteriores) que é a recusa da pessoa em aceitar a instalação psicológica no estado de "velho", de "aposentado"; o que pode realizar aparentes maravilhas. É incontestável, independentemente dos processos patológicos, a tão nefasta atitude psicológica que consiste (para usar a novíssima expressão do professor aposentado Besançon) em "desatrelar" de todos os ramos da atividade humana velhos precoces que, pouco a pouco, transformam-se em "velhinhos", enquanto poderiam por muito tempo ainda continuar como pessoas ativas, em pleno desenvolvimento, em pleno dinamismo. Para mostrar um exemplo claro e impressionante, o homem que se convence de que suas possibilidades viris irão declinar aos cinqüenta corre o risco de uma impotência precoce.

Mas poderíamos esperar ir além do que um simples prolongamento notável do período ativo de vida? Numa palavra: vencer essa aparente fatalidade biológica que é a morte? A esse respeito escrevia o Dr. Harvey Spencer Lewis em seu *Manual Rosa-Cruciano* (Villeneuve-Saint-Georges, 1958, p. 19): *"Essa transição (...) acarreta igualmente a transformação dos processos construtivos que mantiveram unidos, num certo grau, os elementos materiais que compõem o corpo, o que permite o estabelecimento de uma nova condição, na qual esses elementos começam a separar-se e a voltar de novo à forma primitiva de matéria viva."*

Cientificamente, deveríamos considerar absurda uma vitória sobre a decrepitude e a morte?

---

65. Sabe-se que esta tem uma composição química muito semelhante à do sangue.

Todos sabemos que nosso organismo passa por uma renovação incessante, sem trégua, de suas inúmeras células; à medida que algumas declinam e morrem, elas são substituídas por outras novas. *"Trocamos de pele de sete em sete anos"*, diz o provérbio.

Que é, portanto, a velhice? É o aparecimento de um balanço celular negativo, quando cessa o equilíbrio dinâmico entre células usadas e células novas, quando se inicia uma fase em que a destruição toma a dianteira sobre a regeneração orgânica. O segredo da juventude eterna consistiria, portanto, em encontrar os meios de impedir o aparecimento, no corpo, desse processo negativo ou, quando ele já está em ação, fazer intervir, no organismo usado, uma regeneração celular maciça. *A priori,* essa perspectiva não parece oferecer nada de absurdo ou de fantástico. E tanto mais quando existe um capital biológico que passa através de gerações sucessivas; é o que chamamos de *gérmen.* Aliás, é muito significativo, nas lendas alquímicas de imortalidade, o fato de o adepto sempre ser apresentado como uma pessoa sem descendência (salvo quando teve filhos antes do êxito da Grande Obra): não se poderia ver nisso o efeito de uma transferência biológica, para o organismo individual, do capital genético da espécie, supra-individual e teoricamente imortal? Isso faznos lembrar esta observação de Henri Bergson na *"Evolução criadora"*: *"Para que a individualidade fosse perfeita, seria preciso que nenhuma parte destacada do organismo pudesse viver separadamente. Mas a reprodução tornar-se-ia, então, inútil."*

Contudo, para ir no sentido contrário à possibilidade de gozar de uma juventude biológica eterna, transcreveremos esta observação que nos fazia um médico amigo: ao contrário das células dos outros órgãos, as do cérebro não se renovam, permanecendo o seu capital idêntico até a morte. Ora, como, de acordo com esse médico, essas células nervosas não são de modo algum aptas (mas, quanto a isso, sem dúvida poderiam ser feitas objeções) a terem sua existência indefinidamente prolongada, chegaríamos à possibilidade de conseguir efetivamente, no futuro, super-homens biológicos mas. . . estragados. Não pensamos, contudo, que esse pessimismo seja convincente. Pelo contrário, vemos muitos sábios encararem como verdadeiramente possível atingir a imortalidade biológica. Vemos, por exemplo, toda espécie de esperanças unidas em torno da hibernação artificial. Para fazer um parêntese, é preciso lembrar que existe uma sociedade funerária que realiza a conservação de cadáveres pelo processo conhecido pelo nome de criogenização (do nome do corpo químico utilizado para congelar os defuntos).

Desse modo — julgam os promotores dessa técnica — tornar-se-ia possível colocar "na geladeira" (perdoem-me, por favor, a expressão familiar), o cadáver de uma pessoa morta (por exemplo) com câncer no fígado em 1974; e na época em que a medicina tivesse encontrado o meio de curar essa doença, esse corpo seria reaquecido e tentar-se-ia sua reanimação.

Mas voltemos às imortalidades legendárias.

Em seu livro clássico: *Le Comte de Saint-Germain* (Paris, Editions traditionnelles, 1947, p. 306), Paul Chacornac distinguia três tipos de imortalidade física: "... *a persistência de uma individualidade no mesmo invólucro corpóreo, além dos limites da existência humana normal; a persistência de um agregado de elementos psíquicos em várias formas corpóreas sucessivas e até... simultâneas; a persistência de uma individualidade no mundo sutil sem passar pela morte corpórea, sendo a forma corpórea de algum modo reabsorvida em seu princípio sutil.*" A propósito da terceira dessas modalidades supranormais, encontraríamos aí o sentido desta expressão tão enigmática usada pelos alquimistas: *"Subir ao céu sem passar pela morte"*: assim se caracterizaria o ponto mais alto do triunfo alquímico.

Capítulo VI

Alquimia e regeneração universal

1. A gnose alquímica

Que os alquimistas tenham procurado a *iluminação* antes dos poderes ocultos é evidente; todos se dizem detentores de uma *filosofia secreta,* transmitida de mestre a discípulo, e que cada adepto redescobre em si, por uma espécie de revelação intuitiva, por um ato de conhecimento que proporciona a "salvação" a seu beneficiário [1].

Que existe uma *gnose alquímica* é também evidente para o historiador das religiões, que encontra nos tratados alquímicos doutrinas especificamente gnósticas sobre o *princípio luminoso* "aprisionado" na *matéria tenebrosa,* sobre a *Mãe cósmica,* sobre o estreito paralelismo entre o Macrocosmo e o Microcosmo.

Nessa perspectiva, é realmente característica a identificação da *Obra hermética* com os *mistérios* da religião cristã, identificação que tem como efeito transformar a mensagem cristã numa gnose salvadora. O mais alto benefício da alquimia é proporcionar ao adepto o Conhecimento perfeito:

"*A Pedra Filosofal,* escreve Thomas Norton, *socorre cada pessoa em suas necessidades. Ela despoja o homem da vanglória, da esperança e do medo; ela elimina a ambição, a violência e o excesso*

---

1. Para uma definição geral da *gnose,* fazendo-se abstração de suas particularizações históricas (gnosticismo cristão, gnose judaica, etc.), cf. H. C. Puech: *La Gnose et le Temps* ("Eranos Jahrbuch 1851", t. XX, Zurique, 1952, pp. 57-113) e: *Phénoménologie de la Gnose* (Curso dado no Collège de France: resumos detalhados no Annuaire du C. de F., anos 53, 54, 55, 56 e 57).

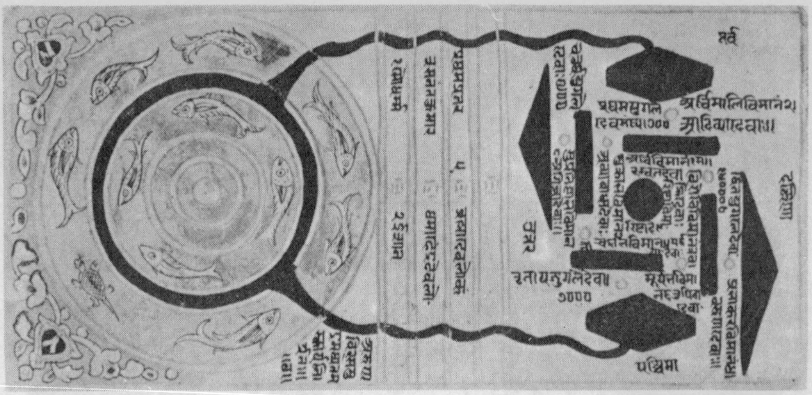

De que modo o espaço cósmico e seus quatro pontos cardeais estão em correspondência psíquica com o ser humano (analogia macrocosmo-microcosmo). (**Figura de um manuscrito tântrico hindu,** Gujerat, século XVI; foto Jeff Teasdale.)

de desejos. Ela abranda as mais duras adversidades. Deus colocará ao lado de seus santos os adeptos de nossa Arte"[2].

Ouçamos o misterioso monge alquimista Basile Valentin:

"Eu considero instruído na verdadeira Ciência aquele que, depois da palavra de Deus e dos mistérios da salvação de sua alma, aprendeu a bem conhecer, por bons princípios e fundamentos bem razoáveis, a Natureza das coisas sublunares que estão contidas nos Minerais, nos Vegetais e nos Animais, isso a fim de que a luz de um verdadeiro e sólido conhecimento dissipe e faça desaparecer a escuridão da ignorância, e que possamos distinguir o bom do mau, ou o Bem do Mal. . ."[3].

Mais explícito, talvez, é Arnauld de Villeneuve, que escreve:

2. *Crede mihi* (trad. *in* Figuier: *L'Alchimie et les Alchimistes,* p. 21).
3. *Révélation des Mystères des Teintures des Sept Métaux* (reeditado por A. Savoret, Paris, 1954, Éditions Psyché, p. 26).

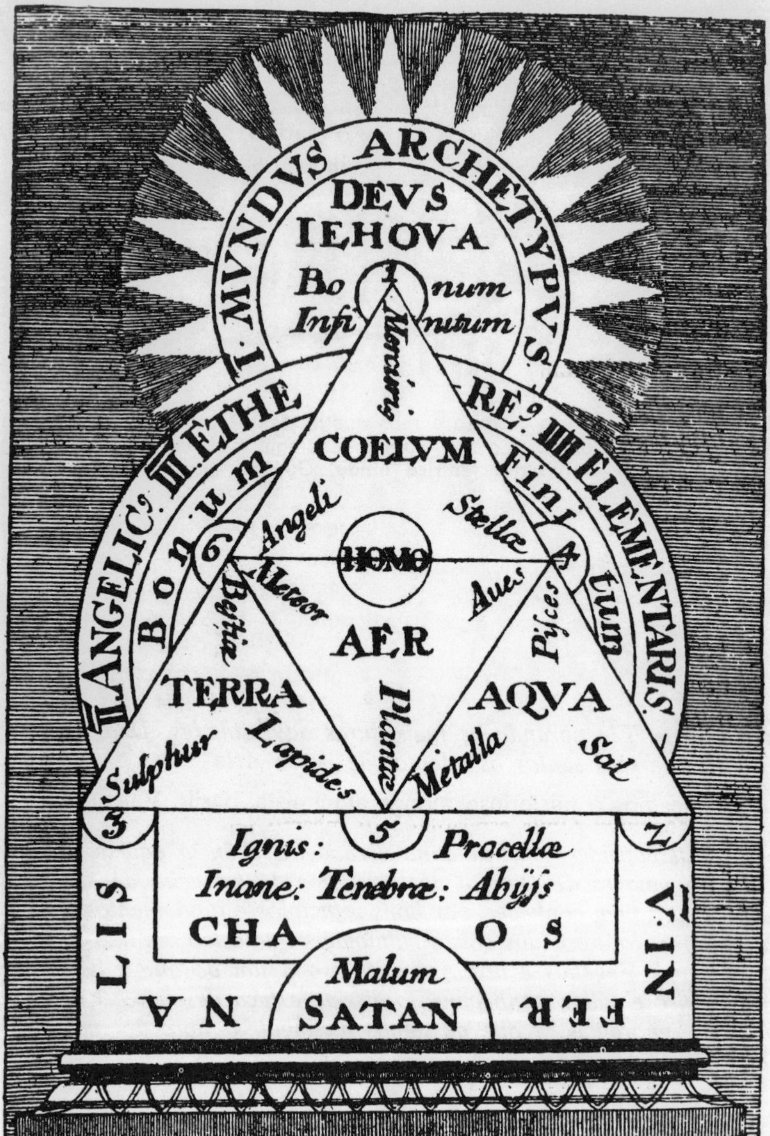

Hierarquia das regiões cósmicas, do mundo divino ao inferno. (Gravura extraída de uma reedição, meados do século XVII, de um tratado de Raymond Lulle.)

"Saiba, portanto, meu caro filho, que essa Ciência nada mais é do que a perfeita inspiração de Deus..."[4].

E não nos esqueçamos da última gravura do famoso *Mutus Liber*, que nos mostra dois alquimistas, o marido e a mulher, de joelhos, agradecendo a Deus por ter-lhes revelado o segredo alquímico.

2. A taumaturgia alquímica

O que constitui a originalidade da gnose alquímica é o fato de ela se aliar estreitamente a uma *taumaturgia,* a operações *práticas* realizadas sobre a "matéria-prima" da Obra; como o lembra Henri Khunrath, na mais célebre de suas gravuras: *"O Laboratório e o Oratório estão estreitamente ligados"*[5].

Existe um rigoroso paralelismo entre o processo interno de *iluminação* e as *operações* materiais que são, ao mesmo tempo, a sua "simbolização" e "confirmação" prática. Ao mesmo tempo em que ele é iluminado pelo conhecimento que salva e ao mesmo tempo em que se opera nele a "transmutação" mística, o adepto contempla, no Ovo Filosófico, a operação pela qual o *princípio luminoso* pode ser extraído da matéria em que está "cativo" e tornar-se, desse modo, suscetível de transfigurar esta última. *Fazendo isso, o alquimista contempla uma manifestação do Fogo Divino, da Vida Universal.*

As descrições valem igualmente para a transmutação material e para o *Magnum Opus* espiritual. Ao mesmo tempo que a "matéria-prima" se transfigura no Ovo Filosófico, uma transmutação mais sutil se opera nesse "laboratório" mais secreto, que é o próprio homem. Ao mesmo tempo em que ele se esforça para operar a Grande Obra material, o adepto liberta em sua própria natureza, em seu ser invisível, *a energia criadora aprisionada* nos obscuros laços da matéria. De onde a freqüência, nas obras herméticas, dos paralelos entre as transformações sofridas pela "matéria-prima" durante a Grande Obra e o processo cosmogônico.

---

4. *Miroir d'Alchimie* (*in* Figuier, p. 23).
5. O "Laboratório-Oratório" faz parte da série de gravuras colecionadas por Henri Khunrath em seu *Amphitheatrum Sapientiae Aeternae* (Hachette, 1609, reeditado por Chacornac, Paris 1898-1900, 2 volumes). Essas gravuras foram republicadas à parte por Derain (Lyon, 1946).

Um alquimista do século XVIII, o famoso Dom Pernety, escreve:

"Desenvolvendo-se, pela sublimação, esse caos, esse abismo de água deixa ver pouco a pouco a terra, à medida em que a unidade se sublima no alto do vaso. Esse é o motivo pelo qual os químicos herméticos julgaram poder comparar sua obra, ou o que acontece durante as operações, com o desenvolvimento do Universo por ocasião da Criação" [6].

O duplo aspecto, espiritual e material, da Grande Obra, jamais deve ser perdido de vista quando se lêem passagens como esta, na qual George Ripley dá a maneira de preparar a *Quintessência*:

"É preciso começar ao pôr do sol, quando o Marido Vermelho e a Esposa Branca se unem no Espírito de Vida para viver no amor e na tranqüilidade na proporção exata de água e de terra. Do ocidente, avança através das trevas rumo ao setentrião; altera e dissolve o Marido e a Mulher entre o inverno e a primavera; muda a água numa terra negra e eleva-te, através das cores variadas, rumo ao oriente, onde se mostra a lua cheia. Depois do purgatório, aparece o sol branco e radioso. É o verão depois do inverno, o dia depois da noite. A terra e a água transformaram-se em ar, as trevas se dispersaram, fez-se a luz. O ocidente é o começo da prática, e o oriente o começo da teoria; o princípio da destruição está compreendido entre o oriente e o ocidente" [7].

O mistério cristão da *Redenção* é retomado por iniciativa dos alquimistas ocidentais [8]. A alquimia é, então, de acordo com a frase de Claude d'Ygé, *"uma missa para uso de muito pouca gente"*. A expressão escandalizará, por certo, um teólogo católico, mas o fato é que os adeptos cristãos consideram a Grande Obra como uma tentativa grandiosa de fazer materializar-se, de uma forma *palpável,* o Verbo Divino, isto é, a *Luz, fonte de toda Vida.*

Ao mesmo tempo em que se "salva" pela gnose alquímica, o adepto "salva" a Luz aprisionada nas Trevas. Ele contempla a *Encarnação* do Logos na própria Matéria. É inútil fazer notar quanto essa tentativa *demiúrgica,* e (digamos a palavra) *luciferina,* só pode parecer sacrílega para um católico convicto.

---

6. Dictionnaire mytho-hermétique, s. v. *Chaos.*
7. *Le Livre des Douze Portes,* s. v. *Chaos.*
8. Cf. Claude d'Ygé: *Nouvelle Assemblée des Philosophes Chymiques* (Paris, 1954, Dervy édit.), pp. 123-134.

"Um autor cristão, observa Michel Butor, *pode servir-se da noção alquímica do mercúrio, solvente universal que penetra nos metais para deles extrair o núcleo puro, para figurar o Cristo, mas ele nunca faria o contrário, como o faz a toda hora o alquimista..."* [9].

C. G. Jung estudou muito bem o gnosticismo que está ligado à teoria alquímica da Redenção [10]. René Alleau, que se inspira freqüentemente no adepto contemporâneo Fulcanelli [11], revela o segredo de um modo que não pode deixar nenhuma dúvida no leitor:

"Os esforços incessantes exigidos pela elaboração da Grande Obra parecem, portanto, estar destinados a produzir, de um lado, a projeção da consciência do estado de vigília sobre o plano de um estado trans-racional de atenção e, por outro lado, a ascensão da matéria até a luz ígnea, que constitui seu limite" [12].

O adepto, ao mesmo tempo em que alcança essa *unio mystica,* isola e contempla esse *Fogo, misterioso* mas tangível, que é o *Spiritus Mundi,* fonte da vida universal comum aos três reinos da Natureza.

Existe aí, ainda, um paralelismo muito estreito entre a transformação teosófica que se efetua no foro íntimo do alquimista e a que sofre a "matéria" da Obra.

"Assim, nota René Alleau, *em nenhum momento a alquimia separa as transformações da consciência do operador das transformações da matéria, se bem que nessa união misteriosa, atinja-se um ponto de equilíbrio profundo entre um "mundo" interior exteriorizado e um mundo exterior que se interioriza até o súbito aparecimento da iluminação. Mas essa luz, esse mesmo ouro espiritual, pelos quais a consciência do homem novo renasce das cinzas da antiga ilusão do Velho Adão, também é feita corpo verdadeiro e, caindo sob os sentidos, graças à ressurreição de uma matéria glorificada, revestida da púrpura imperial de uma Terra santificada pelo Verbo, chave trí-*

---

9. *L'Alchimie et son langage* (artigo na revista *Critique,* n.º de outubro de 1953).

10. *The Idea of Redemption in Alchemy* (Nova York, 1939), *Psychologie und Alchemie,* etc.

11. Todas as espécies de identificação foram propostas, sem falar na idéia aventurosa segundo a qual *Fulcanelli* seria o próprio Nicolas Flamel, o Philalèthe, o conde de Saint-Germain, etc.

12. *Aspects de l'Alchimie Traditionnelle* (Paris, 1953, Éditions de Minuit), p. 134.

plice que abre ao Adepto o acesso a um paraíso que, pelo que tudo indica, ele não perdeu definitivamente...[13]."

A interpretação dos tratados de alquimia é, portanto, como se pode perceber, uma tarefa singularmente árdua, mesmo quando o leitor tem à sua disposição uma lista completa dos hieróglifos utilizados na língua criptográfica dos adeptos[14].

A maioria das fórmulas têm duplo sentido, a começar pela famosa máxima rosa-cruciana: *"Visita Interiora Terrae, Rectificando Invenies Occultum Lapidem"*, ou seja: "Visita as partes interiores da terra: operando uma retificação, encontrarás a pedra escondida", frase cujas iniciais reunidas formam a palavra VITRÍOLO.

E todos os símbolos, todas as alegorias concretas usadas pelos adeptos podem aplicar-se tanto às manipulações materiais como às transmutações espirituais.

A *dissolução* é uma das operações da Grande Obra material, mas esse símbolo alquímico da *morte* nos três reinos também serve admiravelmente para caracterizar a condição preliminar à iluminação. A "morte", a "putrefação", a "cabeça de corvo", é a fase inicial necessária às transformações ulteriores da "matéria-prima" da Obra, mas é também um símbolo de um incontestável significado metafísico[15], e também, uma alusão muito característica à condição anterior a toda iniciação: a "morte" para o mundo profano como prelúdio necessário ao "nascimento" do iniciado ao mundo sagrado[16]. Não é por pura coincidência que alguns dos principais ritos e símbolos da Franco-Maçonaria têm um significado alquímico estreitamente ligado ao processo iniciatório[17].

A desordem aparente, as contradições, que parecem permear sem motivo os tratados alquímicos[18] são apenas superficiais; como

---

13. *Ibid.*, pp. 131-132.
14. *Ibid.*, pp. 205-220.
15. Cf. nossa interpretação do quadro de Leonor Fini, *"Le Bout du Monde"*, na revista *"La Tour St-Jacques"*, n.º 1, novembro de 1955, pp. 43-44.
16. Nosso pequeno livro sobre *"Les Sociétés Secrètes"* (Paris, Presses Universitaires de France, coleção "Que sais-je?", n.º 515).
17. Oswald Wirth: *"Le Symbolisme hermétique dans ses rapports avec l'Alchimie et la Franc-Maçonnerie"* (Paris, 1931, 2.ª ed., Éditions du "Symbolisme").
18. A esse respeito, ver Louis Figuier: *L'Alchimie et les Alchimistes*, 1.ª parte.

escreveu Huginus de Barma: "... *todos chegaram ao Objetivo por meios diversos, embora trabalhando sobre a mesma matéria*" [19].

Com efeito, houve alquimistas taoístas, hindus, gregos, muçulmanos, cristãos, etc., mas todos, no fundo, alimentaram as mesmas ambições *taumatúrgicas*. As cores da Obra podem, aparentemente, variar, que sempre encontraremos as três nuanças fundamentais: *negro, branco, vermelho*.

De acordo com as palavras do tratado árabe conhecido pelo nome de *"Turba dos Filósofos"*:

"E sabe que o fim nada mais é do que o princípio, e que a morte é causa da vida e o começo do fim. Vede negro, vede branco, vede vermelho, e basta. Pois essa morte é vida eterna depois da morte, gloriosa e perfeita" [20].

A descrição das "cores" que assinalam o progresso da Obra no Ovo Filosófico é por certo o campo no qual melhor aparece a aliança indissolúvel entre a mística e a prática hermética. É também o campo que melhor se presta à expressão poética: sabemos que o famoso *"Soneto das Vogais"* de Arthur Rimbaud só pode ser completamente elucidado por uma interpretação teosófico-alquímica [21]. E não vimos, acaso, a gnose alquímica reaparecer espontaneamente, e com que esplendor, nas extraordinárias pinturas metafísicas dessa grande inspirada que se chama Leonor Fini [22]?

A Pedra Filosofal, a "epítome de luz" que ilumina o túmulo do fundador mítico da *Ordem da Rosa Cruz*: Christian Rosenkreutz, é *algo de tangível, de palpável,* que diversos autores afirmam ter manipulado e utilizado [23]. Mas é também algo de interior, de inerente ao próprio Homem:

"Eu vos confesso, ó rei, exclamava o alquimista muçulmano Morien, *que Deus colocou essa coisa em nós! E onde quer que estejais, ela está em vós e não poderia ser separada...*"

---

19. *Le règne de Saturne changé en siècle d'or* (Paris, 1780, Derien éditeurs), p. 32.
20. Citado por René Alleau *in "Aspects de l'Alchimie Traditionnelle"*, pp. 184-185.
21. O melhor estudo sobre o "genial adolescente" continua a ser o de Rolland de Renéville: *"Rimbaud le voyant"* (reed. em 1944 pelas Edições "La Colombe", Paris).
22. Pensamos particularmente na série das três "Mães", ou "Guardiãs". Veja-se o belo livro de Marcel Brion: *"Leonor Fini"* (Paris, 1955, J. J. Pauvert édit.).
23. Cf. todos os casos de transmutações relatados por Figuier.

Mas não se deve reduzir, como o faz Hitchcock, a Grande Obra alquímica a "operações" puramente interiores [24]. Iluminação e prática, *oratório* e *laboratório,* caminham lado a lado, e é por essa dupla maneira que o adepto chegará ao Conhecimento perfeito. De onde a comparação, muito divulgada na literatura alquímica, da Pedra Filosofal com um "espelho", no qual o alquimista descobre a *Sabedoria Universal.* O alquimista alexandrino Zózimo já dizia:

"Aquele que olha num espelho não olha as sombras, mas o que elas fazem entender, compreendendo a realidade através das aparências fictícias..."

E mais tarde, no século XVII, Sendivogius escrevia:

"Quem quer que olhe nesse espelho pode ver e aprender as três partes da Sapiência de todo o Mundo, e, desse modo, ele se tornará muito sábio nesses três reinos, como o foram Aristóteles, Avicena e vários outros, os quais, tanto quanto seus predecessores, viram nesse espelho o modo como o Mundo foi criado [25]."

A Grande Obra é, portanto, a aplicação prática, a confirmação experimental da gnose hermética; mais ainda, é o seu fator determinante, a condição mesma de sua manifestação *na consciência do adepto.*

É com razão, como se vê, que a alquimia pode e deve ser colocada entre os movimenos de tipo *gnóstico.* Aliás, Paracelso, o grande teósofo do século XVI, confirma-o:

"A medida de nossa sabedoria neste mundo, observa ele, *é viver como os Anjos no Céu, porque somos Anjos"* [26].

De qualquer modo, é inegável que as manipulações alquímicas serviram de "suporte" palpável à ascese interior do adepto, culminando na *iluminação* na gnose salvadora.

Concebe-se que a alquimia não poderia deixar de ser suspeita aos olhos da maioria dos membros do clero católico, tanto mais que os adeptos gostavam de invocar a origem "maldita" de sua arte:

---

24. E. A. Hitchcock: *Remarks upon Alchemy and the Alchemists* (Boston, 1857).

25. *Nouvelle Lumière Chimique* (Paris, 1649, p. 78).

26. Cf. esta outra passagem: "Um homem que, renunciando a toda sensualidade e obedecendo cegamente à vontade de Deus, chegou a *participar da ação exercida pelas inteligências celestes* possui, por isso mesmo, a Pedra Filosofal." (*Archidoxe Magique.*)

"As antigas e santas Escrituras, proclamava Zózimo, o Panopolitano, já citado, *dizem que certos Anjos, tomados de amor pelas mulheres, desceram à Terra e lhes ensinaram as obras da Natureza; e, por causa disso, foram expulsos do Céu e condenados a um exílio perpétuo. Desse comércio nasceu a raça dos Gigantes. O livro no qual eles ensinaram sua Arte chama-se* Chêma, *de onde o nome de Chêma aplicado à Arte por excelência..."*

Encontram-se na alquimia, ciência oculta ao mesmo tempo sacerdotal e artesanal, antigas crenças telúricas, a lembrança inegável dos mistérios próprios dos *ferreiros* e dos *metalúrgicos* dos povos antigos:

"... os mistérios relativos a uma teurgia do Fogo foram tomados de empréstimo às tradições de uma civilização extremamente antiga, às quais, ulteriormente, superpuseram-se noções e ritos diversos, entre os quais a contribuição indo-européia exerceu sem dúvida uma influência determinante" [27].

Somos levados forçosamente a pensar nos antigos ritos cabíricos [28] assim como num fato há muito conhecido dos etnólogos especializados no estudo das tradições religiosas dos povos de raça negra: a figura do *ferreiro* africano, ao mesmo tempo temido e desprezado, admirado e odiado [29]. Os historiadores da alquimia erraram ao desprezar as origens "metalúrgicas" da Arte de Hermes; um dos grandes méritos do livro de René Alleau é o de desenvolver precisamente suas origens longínquas, que nos levam forçosamente à origem "maldita" da ciência e das práticas herméticas. Essas pesquisas teúrgicas constituem as marcas do caráter *demiúrgico, prometéico, luciferiano* dirá um católico, que se liga aos antigos cultos do *Fogo,* do Fogo roubado aos deuses, de acordo com a lenda, pelos Titãs.

Isso é o mesmo que dizer que se a alquimia é uma disciplina interior de iluminação é também uma arte sagrada *prática,* uma *teurgia da luz,* do fogo divino, quer se trate de libertá-lo de sua prisão material ou de fazê-lo manifestar-se no Cadinho ou no Ovo Filosófico do adepto. O alquimista extrai a "quintessência" escondida em todos os "mistos" e liberta o *"espírito universal do mundo",* a energia criadora dissimulada no seio da matéria.

---

27. Cf. René Alleau: *Aspects de l'Alchimie Traditionnelle,* p. 49.
28. *Ibid.,* toda a primeira parte.
29. Ver os trabalhos do Pe. Griaule sobre as idéias religiosas dos Dogons.

O combate dos dois princípios da *matéria-prima* — o *enxofre e o mercúrio* — combate simbolizado por alegorias característícas (a luta do dragão alado contra o dragão áptero, o casamento do rei e da rainha, etc...), designa estados místicos interiores; mas também aí — e isso é por demais evidente na maioria dos textos — trata-se de operações exteriores, de práticas de laboratório.

Victor Hugo, que, como todos sabem, era dono de uma imensa cultura no campo das doutrinas e das ciências ocultas, coloca na boca do diácono Claude Frollo máximas que revelam um conhecimento preciso dos objetivos da Grande Obra:

"O Fogo é a alma do grande Todo. Seus átomos elementares se expandem e fluem incessantemente sobre o mundo em correntes infinitas. Nos pontos em que essas correntes se entrechocam no céu, elas produzem a luz; em seus pontos de interseção na terra, elas produzem o ouro. A luz, o ouro: a mesma coisa... O fogo no estado concreto... A diferença do visível para o palpável, do fluido para o sólido na mesma substância, do vapor de água para o gelo: apenas isso! Mas como fazer para subtrair, na ciência, o segredo dessa lei *geral?... Sim, o Fogo: eis tudo. O diamante está no carvão, o ouro está no fogo..."* [30].

Nunca devemos perder de vista o duplo aspecto, espiritual e material, da Grande Obra, ao estudar os tratados de alquimia.

Ascese interior, preparação da pedra filosofal: eis a Grande Obra *stricto sensu*. Mas alguns alquimistas foram mais ambiciosos: o bom êxito da Obra, por sua vez, nada mais seria do que a etapa preliminar de operações ainda mais secretas, operações que proporcionariam ao adepto poderes sobre-humanos. Dessa maneira, somos levados a dizer algumas palavras a respeito do "Elixir da longa vida" e, depois, sobre a "Reintegração Universal".

30. *Notre-Dame de Paris,* Livro VII, capítulo IV.

Capítulo VII

Alquimia e tantrismo

1. O que é o tantrismo?

O que é o tantrismo? A etimologia da palavra nos fornecerá algumas informações úteis. Com efeito, a palavra sânscrita *Tantra* significa originalmente "trama", de onde, por extensão: doutrina, texto doutrinal ou livro. Os *Tantras* são, com efeito, livros, obras secretas de revelações esotéricas; eles incorporam *práticas,* ritos que darão aos iniciados do tantrismo o controle mágico de toda a "trama" própria das aparências visíveis (voltamos, assim, à primeira etimologia do termo), sendo todas essas revelações mágicas destinadas a proporcionar, pouco a pouco, a iluminação total e a libertação de qualquer laço sensível. As técnicas secretas do tantrismo, sempre ensinadas por um mestre (guru), proporcionarão portanto um conjunto de poderes mágicos, mas essas faculdades sobrenaturais (hindus e budistas chamam-nas de "perfeição siddhi"), para servirem de meios de evolução, devem ser consideradas apenas como os sinais tangíveis de uma série de *estados* pessoais, depois extra-humanos.

Iniciações e teurgias proporcionarão assim ao adepto do tantrismo o domínio completo das forças visíveis e invisíveis, conquista mágica conseguida, pouco a pouco, pela revelação sucessiva de um conjunto de segredos práticos revelados por via iniciática tradicional. Virão, então, os *mudras* ou gestos sagrados. Virá o conhecimento preciso das fórmulas (*mantras*) que permitem a ação mágica, com finalidades bem precisas, sobre os diferentes planos da existência. E muitos outros métodos ocultos ainda...

A *analogia* das manifestações sobre os diferentes níveis de realidade é o grande princípio que se encontra na base de todas essas práticas do tantrismo; outro grande princípio, aliás paralelo ao primeiro, é este: o papel mágico da *imaginação* que, convenientemente treinada, fornecerá os meios de penetrar (e de agir) sobre outros planos de manifestação diferentes dos da existência física banal; este é um ponto capital, freqüentemente desconhecido pelos historiadores.

O próprio vocabulário do tantrismo refletirá, em conseqüência, o grande princípio tradicional de analogia, de paralelismo, pela pluralidade dos significados de que ele, ao mesmo tempo, dá a chave. A palavra sânscrita *vajra,* por exemplo, designará, nos exercícios tântricos, tanto o raio, o diamante, a iluminação suprema instantânea, como o *phallus,* todos compreendidos de acordo com diversos modos mágicos de aplicação. Relações muito complexas de analogia oculta serão estabelecidas entre os elementos que compõem o corpo humano e os que formam o mundo exterior, entre as vogais mágicas, os sons e as cores. A magia tântrica coloca em ação todo esse simbolismo oculto.

Arthur Rimbaud, em sua famosa carta de 15 de maio de 1871 a seu amigo Paul Demeny, escreveu esta frase muito citada: *"O poeta torna-se vidente mediante um longo, imenso e racional desregramento de todos os sentidos",* expressão que, pensamos nós, nem sempre é perfeitamente compreendida. Não se trata apenas de exaltar o frenesi sensual, mas de mostrar um objetivo essencial das práticas tântricas: chegar, pouco a pouco, ao "desregramento" do próprio conhecimento sensível, que se tornará capaz de conhecer e de agir em outros planos. Encontraremos então todo o exercício da imaginação mágica. Este é particularmente notável na construção dos *mandalas* — diagramas mágicos circulares usados pelos tantristas como meio de concentração visual; aliás, eles não são próprios da Índia e do Tibete, pois encontramos seus equivalentes no hermetismo europeu (em particular nas rosáceas de nossas catedrais).

2. As técnicas tradicionais do tantrismo

As técnicas tradicionais do tantrismo comportarão todo um conjunto de exercícios espirituais destinados a, pouco a pouco, fazer trabalhar a imaginação mágica, elevando-se através da escala de todas as aparências até o ponto culminante em que o tântrica se identificará com a manifestação divina. Entramos, aqui, no grande segredo das "sílabas germinativas" (*bijas*) das quais o adepto fará sair, por evocação, todas as entidades sobrenaturais do panteão tântrico. Eis, como exemplo característico, o ritual de identificação de Avalokita ou Avalokiteshwara, um dos maiores *bodhisattvas* venerado pelos iniciados do tantrismo búdico:

"Que o conjurador veja, saindo da sílaba *Pam* branca, um lótus; e, além disso, saindo da sílaba *Am!* branca, um disco de lua; e, além disso, saindo da sílaba *Ah* branca, um leão branco; e, além disso, saindo da sílaba *Am!* branca, um lótus branco; e, sobre o coração do dito uma sílaba *Hrih,* branca e toda radiante. Tendo desenvolvido tudo isso, que ele se veja sob as espécies do "Rugido do leão" (*Simhanâda*): o corpo todo branco, com dois braços, um rosto, três olhos; o *chignon* em forma de tiara; a cabeça ornada de Amitâbha; acocorado (à indiana), o joelho direito levantado, sentado sobre um leão, vestido com uma pele de tigre, os cinco Budas que emanam de sua pessoa...; em sua mão esquerda, acima de um lótus branco, está um gládio branco e, junto dele, sobre um crânio branco cheio de diversas flores perfumadas; à direita, sobre um lótus branco, um tridente cuja extremidade está envolta por uma serpente cobra branca..." (citado por Louis de La Vallée-Poussin, *Bouddhisme*) (5.ª ed., Paris, Beauchesne, 1925, pp. 401-402).

Encontramos aqui a grande lei mágica do paralelismo entre o macrocosmo e o microcosmo, o cosmos e o homem: afinal, tudo o que existe não passa de uma "magia" fantástica (mas controlável); deuses e deusas podem ser evocados se descermos até as profundezas do psiquismo humano.

Enfim, o que caracteriza todo o tantrismo (e que constitui o ponto que mais impressiona, evidentemente, a curiosidade do público europeu) é que ele repousa sobre um domínio total e progressivo da sexualidade. Tratar-se-á de fazer subir a *Koundalini* — nome da energia divina que deve ser despertada no tântrica — por derivação e interiorização da força sexual. A imagem fundamental do patrão tântrico é exatamente a de um deus hindu, Shiva, eternamente unido a sua esposa, concebida como sua energia criadora (*shakti*). Em todas as outras formas da tradição tântrica encontramos, aliás, essa imagem especial do casamento divino, assim como a distinção entre tantrismo *"de direita"* e tantrismo *"de esquerda",* segundo a derivação mágica da sexualidade se fizer pela ascese solitária (primeiro caso) ou pelo rito, muito concreto, da união sexual tântrica (*maithuna*).

3. O tantrismo ocidental

Aparentemente circunscrito ao hinduísmo e ao budismo, o tantrismo se nos mostra como uma tradição esotérica muito precisa que se encontra por trás de cada grande forma religiosa particular, oriental ou ocidental: encontraremos (só a linguagem variará) esse núcleo de iluminismo tântrico em certas formas da cabala judaica (releiam o *Golem,* de Gustav Meyrink), no Islão, e também no cristianismo (veja-se todo o hermetismo europeu do fim da Idade Média e do Renascimento); ele é encontrado também como parte integrante de

Divindade num vaso ritual.
(Miniatura tântrica hindu, Rajasthan, século XIX.
Ajit Mookerjee, Nova Delhi; foto Jeff Teasdale.)

cultos pagãos mal conhecidos, como os mistérios mágicos greco-romanos de Hécate e, naturalmente, tanto no antigo Egito como no esoterismo dos maias, duas formas tão notáveis de paganismo mágico.

Haveria, para limitar-nos à Europa, muitas coisas a dizer. Por exemplo, a respeito do conhecimento da iniciação hermética pelos primitivos flamengos: nas telas de Memling, de Van Dyck, de Jerome Bosch, encontramos a transcrição direta desses símbolos.

Na época contemporânea, temos a extraordinária aventura tântrica do jovem poeta Arthur Rimbaud; sua terceira fuga para Paris (fevereiro-março de 1871) só pode ser explicada dessa maneira. E mesmo depois do fracasso (pela razão que todos conhecem: a lastimável ligação com Verlaine), Rimbaud conhecerá ainda uma nova iniciação tântrica: a 31 de julho de 1874, ele deixa Londres, sem dúvida para a Escócia e para bem mais alto ainda (o enigmático poema *Dévotion* é prova disso).

Em suma, o esoterismo tântrico não cessará de modelar-se sobre as diversas épocas da revelação espiritual, e não só segundo suas grandes articulações motrizes (ver a teoria dos "Eons" divinos sucessivos, em Aleister Crowley) mas com todos os recuos ou antecipações que poderão existir em relação à linha geral de cada grande época.

O tantrismo nos aparecerá agora como o fio de Ariadne que permite, pouco a pouco, que se compreenda, em real profundidade, a verdadeira natureza da alquimia tradicional.

4. Correspondências analógicas entre tantrismo e alquimia

O que desnorteia o leitor dos textos alquímicos é a obrigação em que ele se encontra imediatamente de admitir a pluralidade e a simultaneidade de níveis de leitura sobre planos mágicos muito diferentes um do outro (insistamos nisso) em correspondência analógica.

Por certo, por um lado, a alquimia comporta muitas manipulações minerais concretas *em laboratório*; a esse respeito, os testemunhos são formais. O texto de Ripley descreve muito bem certas transformações observadas na matéria da obra. Sim, os alquimistas operavam de modo concreto. Algumas dessas ultrapassam, aliás, o domínio comumente reconhecido pelos historiadores modernos; os alquimistas tentaram a captação da energia solar ou lunar, ou mesmo a energia do raio (empresa realizada, é o que se diz, pelos iniciados tântricos tibetanos, e também pelos sacerdotes mágicos etruscos conhecidos sob o nome de *fulguratores*). A alquimia não pode reduzir-se totalmente a aspectos místicos; há muitos textos operativos bastante precisos, como este, tirado de uma obra anônima publicada em Paris em 1777, *Clef du Grand Oeuvre ou Lettres du Sancelrien Tourangeau* ["Chave da grande Obra ou Cartas de Sancelrien Tourangeau"]:

"Três grãos da pedra em branco, jogados sobre um frasco de água de fonte, tornam-na no momento dura e transparente, como é o verdadeiro cristal."

Por outro lado, seria igualmente arbitrário negar que os segredos alquímicos também comportam exercícios espirituais, toda uma ascese gnóstica paralela às operações transmutatórias: o *laboratório* e o *oratório* caminham lado a lado, como no-lo lembra uma esplêndida gravura rosa-cruciana de Khunrath, muito reproduzida. A alquimia, ao mesmo tempo que é uma técnica secreta, será portanto igualmente uma mística. É por isso que o adepto deverá refazer em si mesmo a síntese das duas naturezas, a masculina e a feminina. É por isso que ele deverá empreender sua regeneração pessoal, realizando em si (condição necessária para o sucesso) a morte mística do velho homem.

Lembremo-nos do último verso do *Soneto filosófico* atribuído ao conde de Saint-Germain: *"Morri, adorei, eu nada mais sabia."*

Só a esse preço o alquimista poderá ser iluminado e encontrar de novo a *Palavra Perdida.* Pensemos igualmente no pequeno poema de Rimbaud, *l'Eternité*:

"Elle est retrouvée.
Quoi? — L'Eternité.
C'est la mer allée
Avec le soleil."

[Ela, a Eternidade,
Foi reencontrada.
É o mar misturado
Ao sol.]

[Trad. de Ledo Ivo.]

Mas a morte do velho homem não é, na linguagem iniciática, a passagem do limiar? De onde a necessidade de fazer intervir o plano ritual, *iniciático,* para compreender plenamente a alquimia.

Muitos textos deixados pelos alquimistas têm um sentido iniciático paralelo a seu significado operativo. A passagem que citamos acima, de Ripley, é muito reveladora e deixa-nos à vontade para imaginar um itinerário ritual pelo qual o recipiendário era conduzido, através de diversas provas (a passagem do limiar), rumo ao *oriente* do Templo. Eis, agora, um esplêndido trecho do livro rosa-cruciano de Jean Valentin Andreae, *As Núpcias Químicas de Christian Rosenkreutz,* que tiramos do *Quarto dia* dessa esplêndida obra de um alto dignitário da Rosa-Cruz:

"Diante da Rainha, encontrava-se um altar de dimensões restritas mas de uma beleza incomparável; sobre esse altar, um livro coberto de veludo negro, realçado com alguns ornamentos em ouro muito simples; ao lado, uma pequena luz numa lanterna de marfim. Essa luz, embora muito pequena, queimava, sem jamais se extinguir, com uma chama de tal modo imóvel que nós de modo algum a teríamos reconhecido como um fogo se o travesso Cupido não tivesse soprado sobre ela de quando em quando. Perto da lanterna encontrava-se uma esfera celeste que girava ao redor de seu eixo; depois, um pequeno relógio que batia as horas perto de uma fonte de cristal, de onde corria um jato contínuo de uma água límpida, da cor vermelho-sangue. Ao lado, uma caveira, refúgio de uma serpente branca, de tal modo longa que, mau grado ela desse a volta pelos outros objetos, sua cauda ainda estava presa num dos olhos, enquanto sua cabeça entrava no outro."

Outra passagem do mesmo documento rosa-cruciano:

"É assim que fomos levados por muitas passagens admiráveis até a casa do sol; e lá tomamos lugar em cima de um estrado maravilhoso, não longe do Rei e da Rainha, para assistir à comédia. Nós ficamos à direita dos Reis — mas separados deles —, as virgens à nossa direita, com exceção daquelas a quem a rainha havia dado insígnias. Para essas últimas, reservaram-se lugares particulares bem no alto; mas os demais servos tiveram de contentar-se com lugares entre as colunas, bem embaixo."

Seriam necessários aqui múltiplos comentários, mas não temos vagar para tanto.

O exame das pinturas e gravuras alquímicas (o Renascimento e o século XVII deixaram-nos obras-primas no gênero) poderia também, por sua vez, ser revelador de mistérios particulares. Por exemplo: tomemos o frontispício da *Atalanta Fugiens,* de Michael Maier: ele não nos parece apenas reproduzir a cena mitológica, muito conhecida, de Atalanta detendo-se para apanhar as maçãs, mas trata-se também de um rito iniciático que vai além dessa lenda tradicional.

Nas gravuras alquímicas é, também, freqüente a representação de ritos oficiados a dois, pelo alquimista e sua companheira de trabalhos. O adepto e sua mulher, vestidos de certa maneira e carregando ambos atributos rituais especiais, representarão então as diversas etapas de um drama sagrado como, por exemplo, a união de *Apolo,* o deus solar, e de *Diana,* a deusa lunar (não é por acaso que, nas gravuras alquímicas como nas do *Mutus Liber,* a mulher carrega um arco, símbolo lunar).

Em alquimia, e, desta vez, de um ponto de vista muito geral, parece que havia filiações iniciáticas, verdadeiros intercâmbios entre a Europa ocidental, de um lado, e, do outro, as tradições não-européias.

Por exemplo: instrutores tântricos hindus, tibetanos ou chineses tiveram ocasião, na Idade Média e durante a Renascença, de entrar em contato com os alquimistas europeus. Em Fez, no Marrocos, existem arquivos secretos que atestam que alquimistas europeus iam até esse grande centro islâmico, antes da Revolução Francesa, para aí receberem uma iniciação hermética; em seus arquivos figura, no fim de uma lista, o nome do conselheiro alemão d'Eckhartshausen, autor da obra rosa-cruciana *A Nuvem sobre o Santuário.*

Na própria Europa é preciso notar a importância de centros iniciáticos como Veneza, Paris, Estrasburgo e outras cidades, variando sua respectiva importância de acordo com as épocas. Por exemplo: sob o domínio borguinhão, Bruges foi um centro extremamente importante do ponto de vista da alquimia: no princípio, houve aí, sem dúvida, por trás do aspecto honorífico da *Ordem do Tosão de Ouro,* uma sociedade de hermetistas extremamente secreta.

Contudo, na alquimia, as precisões geográficas podem ter também um sentido todo simbólico. É o caso da peregrinação a São Tiago de Compostela — efetivamente realizado por Flamel e muitos outros, que corresponde, por analogia, à *"via-láctea"* — que, entre os adeptos, simbolizava o itinerário a ser seguido para a realização da Grande Obra.

Na alquimia, como nas demais tradições secretas, encontramos igualmente a idéia de conexão com um centro iniciático, inacessível aos profanos. O alquimista alemão Khunrath — porta-voz dos Rosa-Cruzes — escreveu, em seu *Anfiteatro da Sabedoria Eterna*:

"Os fiéis intérpretes da Sabedoria são relegados no exílio para além dos montes Cáspios."

E um outro adepto rosa-cruciano alemão, Michel Maier, fala-nos, no capítulo III de sua *Thomis Aurea*, da *"terra simbólica que contém os germes das rosas e dos lírios, do lugar onde essas flores se abrem perpetuamente, jardins filosóficos cuja entrada não é conhecida por nenhum intruso"*.

Por outro lado, as descrições concretas, tão poéticas e empolgantes, encontradas em toda a literatura e em toda a iconografia alquímicas, devem ser concebidas como sendo simbólicas e *reais* ao mesmo tempo: essas descrições de jardins maravilhosos, de um castelo, de uma fonte, etc., correspondem, com efeito, às etapas da grande viagem empreendida em imaginação mágica pelo alquimista. Voltamos, aqui, ao grande segredo do tantrismo: a exploração, pela imaginação mágica dos diversos planos supra-sensíveis.

Evidentemente, para chegar-se a esse domínio, é indispensável uma iniciação especial e ter sido formado, para esse fim, por um mestre. Além do mais, os alquimistas costumam enfatizar a necessidade imperativa da graça divina para poderem ser escolhidos. Este é o sentido das palavras do conde de Saint-Germain ao príncipe de Hesse:

"O céu coloca em vossas almas puras os germes de todas as qualidades: deixai que eu os desenvolva, tornai-vos o recipiente celeste no qual serão derramadas as verdades sobrenaturais."

Examinando as gravuras alquímicas européias, descobre-se entre elas e o tantrismo oriental uma semelhança que não pode ser simples coincidência. As figuras do *Mutus Liber* ("Livro Mudo"), extraordinário documento deixado por um alquimista francês do século XVII, mostram o alquimista e sua mulher realizando *mudras*, isto é, gestos rituais especiais da mão e dos dedos próprios do tantrismo sob suas formas hindus. Portanto, sob suas diversas formulações, a tradição secreta do tantrismo permanece a mesma.

O tantrismo e a alquimia têm em vista os mesmos objetivos: a reconquista progressiva dos poderes perdidos pelo homem por ocasião da queda, o domínio total das energias ocultas do cosmos e também das energias que se encontram no próprio homem. A presença de instrumentos musicais em certas gravuras herméticas não é de forma alguma fortuita; trata-se de uma alusão à manipulação mágica — por meio de sons especiais e ritmos musicais particulares — de todas as forças vibratórias que comandam as transformações energéticas desejadas pelo adepto. Esse é o grande segredo tântrico das fórmulas (mantras), também chamadas "palavras de força". Assim descobriremos o verdadeiro sentido da tão bizarra história segundo a qual o segredo da Grande Obra foi revelado "em sílabas" pelo alquimista inglês William Backhouse a seu fiel discípulo Elias Ashmole.

Naturalmente, tudo será usado a fim de esconder dos curiosos os terríveis segredos práticos. Por exemplo: são fornecidas fórmulas nas quais cada uma das letras será a inicial de outra palavra, que será preciso pronunciar de certo modo (e transmitida somente por tradição oral). Haverá também, por exemplo, as chamadas mantras zodiacais, porque colocadas em relação com um dos doze signos do zodíaco; elas só deverão ser moduladas em seu próprio setor zodiacal.

Assim, pois, o conhecimento das fórmulas eficazes que comandam à vontade as vibrações constitutivas de tudo o que existe (fora e dentro do homem) é o grande segredo tântrico da alquimia, que proporciona ao adepto uma reconquista progressiva de todos os poderes adâmicos perdidos. Citemos a esse propósito a divisa inscrita sob a gravura que reproduz um retrato do conde de Saint-Germain, "célebre alquimista":

"Qual Prometeu, ele rouba o fogo
Pelo qual o Mundo existe e pelo qual tudo respira;
À sua voz, obedece e se cala a Natureza;
Se não é um deus, um deus poderoso o inspira."

Todavia, tudo resultará finalmente do outro grande segredo tântrico, o da viagem a outros planos, graças à imaginação mágica sistematicamente desenvolvida pelo adepto. De onde a necessidade — é preciso não esquecer — de dar não somente um sentido simbólico mas um significado real, *concreto,* a afirmações como esta, extraída do quinto dia das *Núpcias Químicas de Christian Rosenkreutz*:

"Tendo navegado assim para além do lago, franqueamos uma passagem estreita e chegamos ao verdadeiro mar."

Alusão à porta estreita que abre a imaginação do adepto para a percepção mágica do mundo sutil.

5. A doutrina do amor

Mas, que vem fazer aqui o amor tântrico? Citemos a quarta estrofe de um hino que é cantado no quinto dia das *Núpcias Químicas*:

"Quem é vencedor? O amor.
Pode-se encontrar o Amor? Pelo amor.
Quem pode ainda unir os dois? O Amor."

Na alquimia tântrica, a doutrina do amor desempenha um papel essencial. Sendo em extremo perigoso o caminho da ascese solitária, o alquimista praticará mais freqüentemente esse caminho a dois, como o casal alquímico, no sentido humano do termo. A história de Nicolas Flamel e de Dame Pernelle, sua esposa, ilustra perfeitamente bem esta prática concreta do casamento alquímico; está no mesmo plano a união de Jacques Coeur, outro célebre adepto dos fins da Idade Média, com sua esposa ternamente amada. A menos que queira seguir o caminho da ascese solitária (como foi o caso dos monges alquimistas), o alquimista deverá ter, portanto, uma *companheira de caminhada,* não importa quem, pois deverá tratar-se de uma criatura que lhe será predestinada por Deus (além do fato de ela ter recebido antes uma iniciação especial).

Enfim, o casal tântrico realizará o ideal do *"amor louco"* (para falar como o grande poeta André Breton): é o caso dos amores apaixonados de Tristão e de Isolda, de Axel e de Sara (os dois amantes tão magnificamente retratados por Villiers de l'Isle-Adam), assim como dos heróis do *Golem* e de outros romances de Gustav Meyrink.

É preciso notar que não se trata de amores platônicos apenas. Rimbaud, no início de *"Uma Temporada no Inferno"*, nota de uma forma muito precisa:

"Certa noite, sentei a beleza sobre meus joelhos. — E eu a achei amarga. — E eu a injuriei."

Essa passagem alude aos terríveis perigos (incluindo entre eles o total desvio de seu mecanismo normal; é o que aconteceu, precisamente, ao tão jovem poeta) que ameaçam aqueles que se lançam imprudentemente num ensaio de prática do tantrismo sexual a dois. A queda de Rimbaud era verdadeiramente lamentável, pois assinalava o total fracasso de sua grande experiência tântrica com uma jovem iniciada. O esplêndido soneto das *Vogais* atesta o altíssimo nível de iluminação alcançado pelo adolescente durante essa tão breve experiência:

"A noir, E blanc, I rouge, U vert, O bleu: voyelles
Je dirai quelque jour vos naissances latentes;
A, noir corset velu des mouches éclatantes
Qui bombinent autour des puanteurs cruelles.
Golfes d'ombre; E, candeurs des vapeurs et des tentes,
Lances de glaciers fiers, rois blancs, frissons d'ombrelles.
I, pourpres, sang craché, rire des lèvres belles
Dans la colère ou les ivresses pénitentes;
U, cycles, vibrements divins des mers virides,
Paix des pâtis semés d'animaux, paix des rides
Que l'alchimie imprime aux grands fronts studieux;
O, suprême Clairon plein des strideurs étranges.
Silences traversés des Mondes et des Anges:
— O l'Oméga, rayon violet de Ses Yeux!"

O ponto culminante do rito de *maithuna* (união sexual tântrica) é a identificação da companheira escolhida numa manifestação divina polarizada.

Na alquimia, encontramos tudo o que constitui a originalidade do esoterismo *tântrico*: o domínio mágico de todas as aparências; o desenvolvimento demiúrgico da imaginação; a derivação da energia sexual com fins iluminatórios e mágicos. Só o tantrismo permite a compreensão plena do que é a alquimia.

A união do Rei e da Rainha, coroamento da via úmida.
(Figura do Mylius, Alemanha, fim do século XVI.)

6. O casal alquímico

Não devemos deixar de estabelecer a diferença existente entre o caso (muito freqüente) em que a companheira do alquimista se limita — o que já é algo importantíssimo, se pensarmos nos inúmeros casais nos quais reina a discórdia, ou um dos dois (e não será sempre forçosamente o homem) se comporta como um tirano que quer impor ao outro interesses e paixões que não são as suas... — a compreendê-lo, a ajudá-lo em seus trabalhos [1] e, por outro lado, o caso, infinitamente mais raro, em que o adepto e sua esposa formam um casal mágico predestinado, onde se encontram as duas metades do ser único (o andrógino primordial, dividido por ocasião da queda original que provocou o aparecimento da matéria grosseira que elas formavam).

A alquimia conhece vários belos exemplos dessa união mágica de dois companheiros predestinados desde toda a eternidade — se preciso, além dos imperativos da sociedade e do mundo sensível — a encontrarem-se, enfim, como corpo e alma. O exemplo mais célebre (já citado várias vezes nesta obra) é o do casal formado pelo alquimista Nicolas Flamel e sua esposa Dame Pernelle, a despeito de diferenças exteriores radicais que poderiam tornar sua união mágica impossível desde o início: ela tinha vinte anos mais do que o esposo e já era duas vezes viúva.

Mas nós poderíamos citar outros exemplos de casais alquímicos, como o formado por Jacques Coeur (o "grande tesoureiro" de Carlos VII) e sua mulher. Nesse nível da formação de um casal perfeito (o que reuniu duas criaturas magicamente predestinadas uma a outra desde toda a eternidade), descobriríamos o completo analogismo da alquimia ocidental com relação à via oriental tântrica chamada "de esquerda", a que comporta a realização efetiva de um casal mágico. A esse respeito — é a nossa opinião — não é preciso dar o menor crédito à afirmação que de tão bom grado costuma ser feita, segundo a qual essa via, por natureza, estaria fechada aos europeus. Raras, muito raras mesmo — infelizmente! — são as criaturas, homens ou mulheres, capazes de encontrar assim o seu verdadeiro "duplo" mágico, *sua perfeita complementaridade;* pouco numerosos mesmo são aqueles que, na falta de sua verdadeira "metade" (no sentido ab-

---

1. O que é particularmente precioso na última fase da Grande Obra é que, vários dias e noites durante a operação, precisa da vigilância constante do forno: as possibilidades fisiológicas de vigília não são indefinidamente extensíveis na mesma pessoa.

O casamento filosófico.
(Gravura extraída da "Atalanta fugiens", Oppenheim, 1618.)

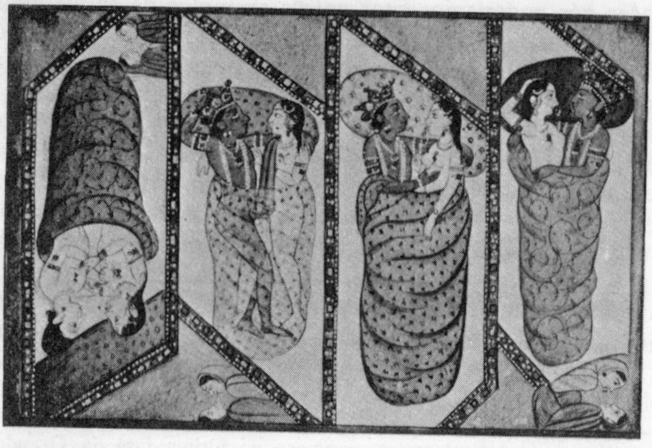

Os amores de Krishna. Iluminura de um manuscrito tântrico hindu (Rajasthan, século XIX.)
(Foto Jeff Teasdale.)

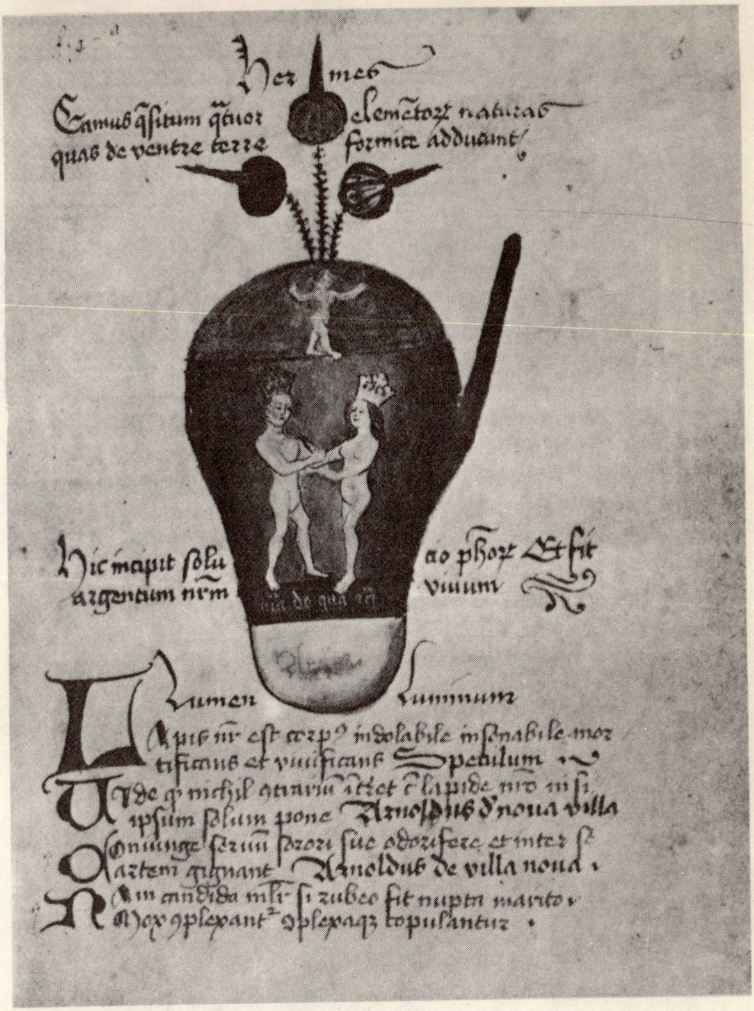

O Rei e a Rainha no Ovo Filosófico.
(Manuscrito alquímico de Johannes Andreae, século XV; Londres, British Museum.)

O alquimista e sua esposa, "trabalhando" de comum acordo.
(Gravura do "Mutus Liber", La Rochelle, 1674.)

soluto do termo) poderão, quando muito, unir-se a um ser magicamente apto (e formado) para completá-los. Mas essa tão grande raridade de êxito a dois implicaria, acaso, uma impossibilidade natural? As duas coisas não decorrem, absolutamente, uma da outra.

Além do mais, os bons apóstolos que nos vêm trautear o refrão de uma incompatibilidade natural de realização tântrica aos pares com as condições atuais de vida que prevalecem (por certo, infelizmente, elas nem sempre são divertidas) para os atuais europeus, sempre se esquecem de dizer-nos que ela é tão raramente realizável também no Oriente tradicional. Para falar apenas da Índia, bem mais excepcionais são os homens e as mulheres (este é justamente o caso das seitas tântricas chamadas "de esquerda", tão desprezadas pelos brâmanes ortodoxos) que poderão unir-se por uma escolha livre e consciente, já que a maioria dos jovens ainda se casam pela autoridade dos pais e, preferivelmente, numa idade muito precoce, sem que sequer lhes sejam apresentados seus futuros parceiros...

Por certo, são raras (tanto no Oriente como no Ocidente) as pessoas em condições de poder encontrar sua verdadeira "*metade*" mágica predestinada; e as condições que prevalecem atualmente no mundo (o que não significa, por certo, que elas tenham sido idílicas no passado) não as favorecem em absoluto: é o mínimo que se pode dizer! Mas é extremamente desagradável, segundo nossa opinião, concluir daí pela impossibilidade natural de realizar essas uniões perfeitas. Contentemo-nos com a constatação (e este já é um fenômeno suficientemente trágico) de que as condições modernas de vida as tornam singularmente difíceis.

O homem moderno que aspira a descobrir (ou, mais exatamente, a encontrar, pois em outros tempos ele já conhecera a sua companheira predestinada — e vice-versa: o caso da mulher à procura de seu complemento masculino), acha-se em condições tão difíceis e em tanta desvantagem no início (sejam quais possam ser suas predisposições inatas a viver a via mágica a dois) como, por exemplo (a comparação surgiu de repente sob nossa pena), o matemático genial para o que teve a infelicidade de nascer numa aldeia africana de casas de sapé, longe dos circuitos escolares normais, para a realização providencial de suas possibilidades.

O ideal, por certo, seria poder, e de preferência bem cedo em nossa existência, ver surgir — quando dispomos ainda de todo o nosso potencial de ações possíveis — a possibilidade (se estamos verdadeiramente predestinados a isso) de formar um casal tântrico.

A conjunção dos princípios opostos.
(Iluminura do manuscrito "De erroribus", de John Dastin, século XV, British Museum; foto Gallery 43, Londres.)

Os mestres tibetanos da seita búdica chamada dos "chapéus vermelhos" sabem muito bem disso. Em seus mosteiros, eles unem jovens postulantes (comumente, sete ou oito monges e sete ou oito monjas, depois de terem, cada um de seu lado, feito um noviciado de um ano inteiro). Prática análoga é observada pela Confraria de Kraam[2], que define seus objetivos do seguinte modo:

"Nosso objetivo permanente é a formação de células ocultas que reúnem várias disciplinas e de onde nascem um ou vários Vasos Tântricos compostos de sete homens e sete mulheres, gerando sete casais andróginos[3]*."*

Precisemos — pois é necessário — que o fato de um casal conseguir realizar a união mágica predestinada operará, simultaneamente, em cada um dos amantes predestinados o bom êxito das "núpcias interiores" entre as duas polaridades cósmicas que existem em cada homem e em cada mulher: *"Assim se cria o Egregoro tântrico heptagonal, do qual decorrem a realização interior, a harmonização perfeita e a Un-idade total com as sete forças que animam a Felicidade universal*[4]*."*

Felizmente, acontece que duas criaturas predestinadas podem encontrar-se mesmo depois de sua primeira juventude, e comumente em condições que parecem bem mais paradoxais, mas que eles precisarão agarrar...

7. A transcendência das fronteiras da existência

Entre as características do casal predestinado, encontramos esta: a transcendência das fronteiras da existência física. É por isso que mesmo quando um dos dois companheiros do casal mágico morre antes do outro, os encontros ulteriores — penosos, sem dúvida — não lhes seriam de modo algum impossíveis, de acordo com a tradição oculta.

Citaremos a esse respeito duas passagens de um clássico do conto fantástico: *La maison au bord du monde* ("A casa na beira

---

2. 14, escadarias de Castelleretto, Mônaco — Principado.
3. Citado por Michel Monnereau (*Annuaire Hermès* — Caixa postal 17 — 95190 Goussainville), p. 95. Citemos também a sociedade secreta dos *Adeptos do anel.*
4. *Annuaire Hermès,* p. 95.

A arcada de Nicolas Flamel (carneira do cemitério dos inocentes). Notar o alquimista e sua esposa (Dame Pernelle), representados rezando aos pés de Cristo. Ao redor da cena central, são reproduzidas as gravuras do "Livro de Abraão, o Judeu".

do mundo"[5] de William Hope Hodgson, autor irlandês que foi, na época vitoriana, alto dignitário na célebre sociedade secreta mágica da *Aurora Dourada* (*Golden Dawn*): *"... eu estava naquele lugar que ela* (minha querida desaparecida) *designava... pelo nome de Mar do Sono (...). Pareceu-me ver então uma bolha de espuma branca emergir das profundezas e, não sei como, eu tinha os olhos*

5. Tradução francesa pelo "Livre de Poche".

O andrógino hermético.
("Livro da Santa Trindade", século XV. Manuscrito da biblioteca de Munique.)

pousados sobre — mas não! — Eu olhava em seu olhar — que digo? — em sua alma[6]...*"*

"Deus! Como és misericordioso: era ela! (...). Minhas preces tinham sido ouvidas — para sempre (...). Ela e eu, e nada mais além do vácuo imenso e silencioso para ver-nos, nada mais além das águas calmas do Mar do Sono para ouvir-nos (...). Assim, enfrentamos o rosto de profundezas insondáveis e estávamos sós. Ó Deus! Por certo eu estarei assim nos tempos vindouros, mas nunca mais solitário. Ela estava lá, para mim[7]*."*

Mas voltemos ao problema das transmutações metálicas de que se vangloria a alquimia tradicional. Serão elas realmente possíveis? Como ocorrem essas transmutações?

6. Pp. 120-21.
7. *Ibid.*, p. 174.

Capítulo VIII

Química e alquimia

1. O problema das transmutações

Os alquimistas (antigos ou modernos) conseguiram realmente realizar a transmutação dos metais "vis" em prata e em ouro? Por mais precisos e abundantes que sejam os testemunhos sobre seu triunfo, eles não são suficientes (pensamos) para ser considerados como provas irrefutáveis desse magnífico sucesso.

Aos olhos do cientista positivo moderno, não basta, com efeito, que a realidade de um fato único seja atestada por testemunhos dignos de fé e muito bons observadores; é preciso também que o dito fenômeno possa ser reproduzido à vontade, e sempre em condições de controle objetivo e eficaz. Não somente um sábio autêntico poderia muito bem (pensar nas realizações — tão alucinantes, de convicção visual — dos ilusionistas de *music-hall*), com toda a boa fé, deixar-se enganar; mas existe também a irritante necessidade, exigida pela metodologia científica mais elementar, de poder reproduzir os fenômenos [1]. Face à eventual realidade das transmutações alquímicas, a desconfiança de princípio do sábio pode ser comparada à atitude dos astrônomos atuais diante dos famosos *discos voadores,* por mais numerosos e aparentemente precisos que sejam os testemunhos invocados:

"Na física moderna, a lógica matemática impõe-nos o desprezo do senso comum, mas tudo parece acontecer muito bem, já que os físicos constatam os acontecimentos que eles predizem. Infelizmente,

---

1. Verificou-se, contudo, que não somente os fatos históricos (a carreira de Napoleão, por exemplo) são únicos, mas que um fenômeno material bem específico, como tremores de terra ou erupções vulcânicas, não pode ser reproduzido à vontade.

os (...) objetos voadores não identificados não são produzidos em laboratório (...); eles fazem parte de uma categoria de acontecimentos fortuitos que os cientistas não podem examinar a não ser de segunda-mão, mediante relatórios insuficientes, que dão motivo a desconfianças [2]."

Os testemunhos invocados em favor da realidade da transmutação dos metais são, muitas vezes, de uma extrema precisão de detalhes; infelizmente, eles sempre se apresentam como observações retrospectivas: nunca nos será apresentada, ao mesmo tempo, a quantidade de "pó de projeção" que nos colocaria em condições de verificar, por nossa vez, os fatos relatados! É o caso — trata-se de um exemplo típico — dos relatos pormenorizados a respeito das transmutações operadas bem no início do século XVIII pelo adepto Alexandre Sethon (chamado o *Cosmopolita*) [3].

Nos testemunhos e, circunstância excepcionalmente favorável, quando emanados de pessoas diferentes (todas dignas de fé), nunca faltam detalhes precisos e pitorescos. Temos a descrição física do alquimista Alexandre Sethon, gentil-homem escocês:

"Em 1602, declara Wolfgang Dienheim [4], *(...) eu me encontrava ao lado de um homem singularmente espiritual, de pequeno porte, mas bastante gordo, rosto corado, temperamento sangüíneo, usando uma barba cortada à moda de França. Ele estava vestido com uma roupa de cetim negro e tinha por único séquito um criado, que podia ser distinguido entre todos por seus cabelos vermelhos e sua barba da mesma cor."*

Estamos bem a par das personagens que ele encontrou. Temos a descrição detalhada das proezas químicas que ele permitiu realizar. Muito especialmente, um testemunho do médico, Jacob Zwinger, ao qual Sethon permitiu — graças a uma pitada de pó de projeção, ao uso de enxofre comum e a um cadinho de ourives — transformar em ouro várias placas de chumbo. Sethon, sem tocar em nada, fez com que se colocasse o enxofre e o chumbo no cadinho e depois se agitasse a mistura com varas metálicas. Ao cabo de um quarto de hora, ele mandou que se jogasse nessa mistura o conteúdo de um pequeno papel: um pó, bastante pesado, de cor amarelo-limão. Depois de

---

2. Alfred Roulet, *À la recherche des extra-terrestres* (Paris, J'ai lu, 1973), pp. 73-74.
3. Cf. Bernard Biebel, *Le Cosmopolite,* pp. 50-52 do n.º 9 (maio 77) da revista *L'autre monde.*
4. *Mineralis Medicina* (1610).

outro quarto de hora de cocção, e continuando a agitar a mistura com varas de ferro, foi dada ordem para esvaziar o cadinho: todo o peso de chumbo nele contido havia sido transformado em ouro.

O ouro alquímico se caracterizaria por um grau de pureza que ultrapassava a qualidade comum do metal precioso usado pelos ourives; e, o que é mais, seria bem mais pesado.

Se o acúmulo de testemunhos não basta para convencer o sábio moderno da efetiva realidade das transmutações alquímicas, não se pode acusar os adeptos de falta de precisão nos fenômenos que eles descrevem como marcos do êxito alcançado nas operações da Grande Obra. Eles revelam, assim, a existência de vários fatos decisivos. Há, como vimos, a sucessão das cores (do negro ao vermelho, passando pelo branco, para citar apenas as três nuanças principais). Ocorre a formação de uma estrela, pela reunião de cristais na superfície da matéria liquefeita [5]. Ocorre ainda — outro sinal da rota do sucesso — o aparecimento de um ritmo harmonioso característico, comparado ao *canto do cisne.*

Vangloriando-se de poder realizar transmutações metálicas, os alquimistas nada mais faziam do que seguir a própria lógica de seu postulado teórico inicial: a unidade de matéria. Aliás, para eles não se tratava de uma simples hipótese teórica: tratava-se não apenas de uma lei tradicional transmitida, através das gerações, de mestre a discípulo, mas de um conjunto concreto que lhes parecia facilmente verificável pela experiência. Os alquimistas nada mais faziam do que se conformar com instituições, como observações facilmente verificáveis. Eles constataram, por exemplo, que um objeto de ferro, quando mergulhado numa solução de cristais de sulfato de cobre (ou *sal de vitríolo*) não demora — o processo não leva mais de dois ou três minutos — a cobrir-se de uma leve camada de cobre, quando nada fazia supor a presença do cobre vermelho na solução cristalina azul.

Trata-se, por certo, de uma metamorfose química que atinge a periferia dos átomos sem tocar em seu núcleo. *"Metamorfoses coloridas semelhantes,* observa-nos o autor de uma notável apresentação da alquimia aos alunos dos ginásios e colégios [6], *levavam os alquimistas a pensar que a aparência externa dos metais, tão natu-*

5. Os alquimistas colocam essa estrela em paralelo analógico com a estrela dos magos.

6. *Alchimie et chimie* ("Textes et documents pour la classe", 29, rua d'Ulm, Paris Ve, n.º 57, 21 de maio 1970, pp. 13-24), p. 18.

ralmente fugaz e transformável por dissolução, fusão, oxidação, sulfuração, etc., não passava de um disfarce sob o qual se escondia uma matéria-prima fundamental, a única que devia constituir o objeto de seus trabalhos."

Isso acaso excluiria a possibilidade de os alquimistas — os de outrora e os de ontem, assim como os que ainda hoje se obstinam em "trabalhar" — terem conhecido o segredo de agir sobre o núcleo e, portanto, o meio de realizar *verdadeiras* transmutações de um corpo em outro? Pessoalmente, não hesitamos em pensar que sim.

Os sábios atuais inclinar-se-iam, por certo, e de bom grado a dar de ombros diante da total desproporção dos meios empregados. A seu ver, acreditar na realidade das transmutações alquímicas seria o mesmo que pensar que usando de meios totalmente artesanais, os alquimistas conseguiram obter, com uma aparelhagem de uma simplicidade tão irrisória, os mesmos resultados obtidos — em Saclay e nos outros grandes centros nucleares — ao preço de enormes investimentos de meios materiais. Além do que, os alquimistas fazem intervir fatores (por exemplo, a pureza espiritual do operador) que nada têm de científico. Quando, como se isso não bastasse eles se recusam por princípio — pois isso significaria impedir, logo de início, qualquer êxito — a aceitar sequer a possibilidade de colocar um observador cientificamente qualificado para acompanhar o alquimista em seus trabalhos, compreende-se o ceticismo de princípio da maioria dos sábios... Contudo, por que não? Essa continua a ser a nossa posição.

2. Químicos que acreditaram na alquimia

Mau grado a incontestável diferença existente entre os objetivos da química positiva e as ambições prometéicas da alquimia, houve assim mesmo — é importante observar isso — vários químicos (no sentido moderno do termo), e não dos menores, que acreditaram perfeitamente na possibilidade de operar transformações e de realizar a Grande Obra. Foi esse o caso de Henry Cavendish [7], como o de John Dalton (1746-1844), que chegará mesmo a confessar ter encontrado o fundamento filosófico da lei química que leva seu nome ao meditar sobre o papel central do triângulo na filosofia secreta

7. Jacques Bergier, *Les extra-terrestres dans l'Histoire* (J'ai lu, 1970), capítulo VII.

dos Rosa-Cruzes: "... *o triângulo, cuja utilização tornara-se para ele uma obsessão, era a chave de sua obra*[8]." Mais tarde, foi o caso do alemão Kékulé (1829-1896), também membro de uma sociedade secreta rosa-cruciana e que, como vimos, recebera a revelação intuitiva de sua descoberta decisiva (o anel de benzeno) numa visão que lhe mostrava o *ouroboros* (a serpente que morde a própria cauda, símbolo da unidade da matéria) dos alquimistas de Alexandria.

Veremos igualmente Marcelin Berthelot (1827-1907) — espírito, aliás, muito positivo — não hesitar em reabilitar, contra o "fixismo" dos elementos químicos (que se tornou, depois de Lavoisier, um verdadeiro dogma científico), a velha teoria dos alquimistas que ensinava a unidade fundamental da matéria.

No entanto — todas essas exceções de rara qualidade não poderiam impedir a alquimia tradicional de constituir um campo que, tanto por seus objetivos quanto pela maneira como ela trabalha, não é absolutamente redutível às perspectivas científicas da química moderna ou às da física nuclear. Esse, aliás, é o motivo pelo qual seria inútil imaginar ou esperar alguma refutação científica das velhas esperanças da alquimia: trata-se de um campo que se movimenta num universo completamente diferente do universo da ciência moderna.

3. O simbolismo alquímico

Nos tratados alquímicos, a transmissão dos conhecimentos ao leitor qualificado efetua-se de diferentes modos.

Primeiro, existem os sinais simples[9], que esquematizam este ou aquele corpo, esta ou aquela operação. É preciso também notar que se trata de representações tradicionais usadas por comodidade para representar coisas concretas. Seria, portanto, totalmente inútil esperar ver nisso algo de análogo (mesmo de um modo muito aproximado) à notação moderna das fórmulas alquímicas: a alquimia jamais se preocupou, por pouco que fosse, com os imperativos de equivalência quantitativa, como ocorre na nomenclatura química moderna; trata-se, sempre, de observações, de manipulações concretas, e de nada mais sobre o plano experimental.

---

8. H. Spencer Lewis, *Manuel rosicrucien* (trad. francesa, Villeneuve Saint-Georges, Éditions rosicruciennes, 1958), p. 111.
9. Alguns se parecem a hieróglifos egípcios muito estilizados.

Subindo-se um degrau, encontramos os *símbolos* propriamente ditos, que por sua vez introduzem uma diferença ainda mais radical em relação aos imperativos estritamente positivos das equações da química moderna ou da física nuclear: trata-se, em alquimia, de imagens cuja interpretação é tanto mais difícil para o historiador pelo fato de fazerem intervir — já constatamos isso [10] — um duplo registro em código: no plano das operações de laboratório e no plano do *oratório*, isto é, no plano das etapas de uma ascese interior que

"A navegação hermética". (Gravura extraída da "Atalanta fugiens", de Michel Maïer, 1618.)

"O ovo duplo" (Figura do "Crede Mihi", de Thomas Northon, século XV.)

se apóia (com transposição para um registro psíquico das operações de laboratório) em constatações concretamente observáveis, no cadinho ou na retorta, por ocasião da realização correta da Grande Obra.

Vamos apresentar alguns exemplos significativos tirados de um repertório particularmente completo, fora do comércio: o *Arcanum* de Enaj [11]; o *Andrógino* (ou *REBIS*, "coisa-dois") é: *"Adão e Eva. Mercúrio e Enxofre. Símbolo da matéria-prima composta dos dois princípios (ativo e passivo)* [12]."

10. Ver cap. II.
11. "Bibliologia", 1974 (Imprimerie Jeanne d'Arc, Le-Puy-en-Velay).
12. P. 117.

Mas não se trata apenas do símbolo tão expressivo da conjunção concreta — realizada no cadinho e na retorta — dos dois princípios (opostos mas complementares) contidos na matéria mineral da Grande Obra: trata-se também do símbolo das "núpcias alquímicas" interiores que, realizadas na alma do adepto, realizam-se entre suas duas metades masculina e feminina. Isso pode ser também uma representação do casamento entre os dois seres predestinados (o homem e a mulher que se reconheceram), aptos a reformar o andrógino primordial.

O anjo — *"símbolo da água, Espírito da Pedra*[13]" — lembra-nos também a intervenção efetiva, para levar a cabo a Grande Obra (em todos os planos), de forças celestes sobre-humanas.

A Arca da Aliança *"representa a pedra em Vermelho"*[14], mas é também a ligação estabelecida (reencontramos aqui os símbolos bíblicos do arco-íris, da escada de Jacó) entre o Céu e a Terra.

A balança *"representa a sublimação, o Ar*[15]". É também o *"símbolo de toda Obra alquímica que reside no conhecimento das proporções naturais"*, e com necessidade de não se limitar apenas ao domínio das operações de laboratório.

A caverna *"é a imagem do início do Solve* ("dissolve", fase de dissolução), *quando a matéria do composto (a mistura preparada para a realização da Grande Obra) se aprofunda, se racha, se abre"*[16].

Mas é também o símbolo da descida iniciática em si mesmo, com o simbolismo da caverna comparada (não vive o neófito, acaso, um novo nascimento?) ao seio maternal onde se desenvolve o embrião.

O Orvalho de maio *"designa o Sal filosófico que se liquefaz em gotículas*[17]". Mas é também o influxo espiritual que "cai" sobre o iniciado e opera sua transformação...

Poderíamos multiplicar esses exemplos.

O que, justamente, mais desorienta o historiador moderno que se aventura a estudar com simpatia a alquimia tradicional é justamente essa constante obrigação para os "artistas" de tocar com dupla registração: a das operações materiais e a de uma ascese.

---

13. *Ibid.*, p. 117.
14. *Ibid.*, p. 117.
15. *Ibid.*, p. 119.
16. *Ibid.*, p. 122.
17. *Ibid.*, p. 139.

Isso pode ser constatado muito bem a propósito de um tradicional símbolo rosa-cruciano: o pelicano que rasga o próprio peito para alimentar seus filhotes. Trata-se de um profundo símbolo tradicional, o do sacrifício — totalmente esquecido de si mesmo — do Cristo sobre a Cruz. Mas a palavra *pelicano* tem também um sentido preciso na alquimia operativa: evocaremos a forma característica (a mesma do bico do pássaro curvado para baixo) de uma cornucópia, chamada *pelicano,* cujo orifício mergulha num balão.

Alguns símbolos, isolados ou agrupados, deram nascimento a contos, lendas e mitos. É o caso do unicórnio — gracioso cavalo branco dotado de um chifre frontal espiralado — que, diz-se, era irremediavelmente indomável, salvo por uma jovem virgem; nesse caso, o gracioso animal vinha pousar docemente a cabeça no regaço da jovem. Trata-se de um animal puramente imaginário [18], com um papel particularmente importante na iconografia alquímica. A célebre tapeçaria *A Dama com o Unicórnio,* do museu de Cluny, não pode ser completamente interpretada se não apelarmos para o esoterismo hermético. E, se o unicórnio figura em diversos brasões célebres (desde o da monarquia inglesa até o dos barões de Rothschild), não deveríamos deixar de lembrar — mesmo se os que reproduzem tais brasões sequer imaginam tal coisa — que, na Idade Média, a heráldica estava diretamente relacionada com o hermetismo.

A respeito do unicórnio, Enaj [19] observa o seguinte:

"Corpo branco — cabeça vermelha — olhos azuis. Esse fogo que está em nós e que nós não queremos ver. Verdade. Quintessência."

"Em alquimia, é a força masculina pura, o Enxofre-símbolo do Fogo secreto do Mercúrio, pelo Enxofre que dele emana."

Aliás, de fato — e não é absolutamente por acaso que esse símbolo costuma ser encontrado junto ao do leão — o unicórnio nos levaria à necessária conjunção hermética das duas polaridades, opostas mas complementares. Acaso o unicórnio não é, em si mesmo, um símbolo andrógino? Trata-se, sem dúvida, de uma potranca, mas dotada de chifre, atributo simbólico masculino nas diversas tradições.

Não acabaríamos nunca se quiséssemos estudar o uso literário de diversas lendas e tradições herméticas. Trata-se, contudo, de um

---

18. Se existem ovinos (entre os antílopes) dotados de um chifre frontal, isso seria anatomicamente impossível entre os eqüinos.
19. *Op. cit.,* p. 46.

assunto rico de surpresas, que nos obrigaria a deter-nos — exemplo significativo — sobre o *Escaravelho de ouro,* de Edgar Poe[20]. Ou, ainda, sobre a *Cabra de ouro,* de Jan Aicard, conto inspirado numa velha lenda provençal[21].

O que explica, ainda, a interpretação de certos tratados de alquimia é também — caso significativo — o modo pelo qual as descrições parecem *ao mesmo tempo* verdadeiras, de uma maneira concreta, literal, ao mesmo tempo em que correspondem a um registro simbólico de interpretação. Isso é fácil de ser constatado nos sonhos relatados pelos adeptos; se alguns deles constituem manifestamente artifícios didáticos de pura invenção, existem, em contrapartida, os que transcrevem perfeitamente bem experiências oníricas vividas pelo alquimista, muito especialmente quando se trata de sonhos vividos quando o alquimista, cansado depois de tantas horas de vigília junto ao seu *athanor,* acabava sucumbindo ao sono.

De qualquer modo, a alquimia nos introduz num mundo mental muito diferente do "bom senso" quotidiano, com nítidas oposições familiares. De onde o caráter nem sempre nitidamente separado mas, ao contrário, ambivalente — eles serão benéficos ou maléficos, de acordo com o caso — que poderão tomar diversos símbolos: aquele (tradicional) da serpente, por exemplo, está muito longe de ser sempre maléfico[22]. Constataremos, por outro lado, de que modo os contos e lendas tradicionais costumam afastar-nos das noções correntes. Poderíamos, por exemplo, estudar a lenda do *ovo da serpente — de cor vermelha* — gerado, numa época bem determinada, por todos os ofídios de uma região, a cuja procura se lançavam os druidas em grupos. Pensaríamos, de bom grado, no eco, mais ou menos transposto em lenda, de um ritual iniciático, ele próprio baseado num simbolismo alquímico.

Se os símbolos tradicionais sabem guardar por si mesmos as interpretações intuitivas de que são portadores para o iniciado, é preciso notar também que os alquimistas não hesitaram — em determinadas circunstâncias, quando consideravam possível uma perigosa

20. Cf. Enaj, *op. cit.*, p. 51: "*Le scarabée d'or* — Imagem do Sol e do Ouro, significa transformação, ressurreição".

21. Cf. sobre o simbolismo hermético da cabra, Enaj, *op. cit.*, p. 40: "Símbolo da vida que consegue libertar o espírito da matéria (A cabra procura galgar os picos mais altos). Elevação, novo nascimento. Em alquimia, é o símbolo de Mercúrio animado mas ainda não purificado."

22. Cf. a importante obra de nosso amigo Jean-Pierre Bayard: *Le symbolisme du caducée* (Éditions de la Maisnie, 1978).

Alegoria da Grande Obra.
Notar: o leão coroado; Eros atirando com o arco; o Mercúrio filosófico (figura feminina) carregando um vaso de onde saem sete flores; a figuração do ar carregando um fole.
(Gravura extraída do "Rosarium philosophorum", de Stolcius, fim do século XVI.)

divulgação — em utilizar diversos métodos inteligentes destinados a ocultar aos simples leitores curiosos o acesso a segredos importantes e perigosos. Eles também fizeram uso de anagramas, da inversão da ordem das operações descritas e de muitas outras astúcias ainda. Eles também usavam alfabetos secretos e praticavam a criptografia. Hoje, ainda, os serviços secretos de diversos países utilizam, para codificar mensagens, alguns dos métodos organizados por dois alquimistas do Renascimento: o padre Trithème (Tritheim), autor da

Steganographia, e Blaise de Vigenère, capelão (e alquimista) do rei Henrique III.

4. Fim da alquimia moderna?

Hoje ainda existem alquimistas que, com exatamente os mesmos processos (que continuam inteiramente artesanais) de seus antecessores, "trabalham" com ambições inteiramente idênticas às deles. Contudo as coisas parece que não continuaram as mesmas. Não teríamos, acaso, ingressado num período final, em que o êxito da Grande Obra [23] ter-se-ia tornado bem mais difícil (cada vez mais, aliás), para tornar-se quase impossível, salvo em casos excepcionais?

O alquimista contemporâneo Roger Caro nos faz as seguintes observações no prefácio de seu precioso livro *Concordâncias alquímicas* [24]: "*...absorver a quintessência adicionada de água, de leite ou de caldo é o mesmo que tomar uma dose homeopática, uma dose infinitesimal (...) deixando apenas que o tempo aja e cuidar somente para que nenhum agente externo destrua o que a quintessência reconstruiu* [25]". E acrescenta: "*Três grandes flagelos reinam sobre nossa vida moderna e constituem a causa de quase todos os nossos males atuais: a poluição da atmosfera, o ritmo acelerado de nossa vida e o barulho* [26]".

Nossa civilização mecânica moderna suscitou até grande número de elementos perturbadores que vão de encontro ao pleno êxito das operações alquímicas: os fatores vibratórios introduzidos pela proliferação crescente de ondas de toda espécie; o tráfego cada vez mais intenso de automóveis; o atravancamento do espaço aéreo... Sem esquecer a necessidade para os homens, particularmente onerosa salvo raras exceções na época atual, de ganhar a própria vida enquanto, para tornar-se um alquimista apto a "obrar" metodicamente num laboratório, é necessário dispor de uma vida que comporte grande tempo dedicado ao lazer... Mesmo assim, em pleno *reino da quantidade,* não subsistem entre nós alguns alquimistas? Durante a *Belle Époque* ainda havia um grande número deles. Foi nessa época que François Jollivet-Castelot pôde fundar, em 1894, a *Sociedade Alquímica da França.* Mas havia então outros "artistas"

---

23. Chegamos à extremidade do presente ciclo terrestre.
24. "Les Angelots", chemin de la Madrague, 83 Saint-Cyr-sur-Mer, 1968.
25. P. 23.
26. *Ibid.*

menos ilustres, como o jovem estudante de medicina Albert Poisson, morto aos 24 anos, mas que tivera tempo para publicar diversas obras, entre as quais as suas *Théories e simboles des alchimistes*[27].

Pouco mais tarde, surgirão outros alquimistas tradicionais, como por exemplo (para limitarmo-nos novamente à França) Grillot de Givry. Teremos, então, sobretudo, o enigmático Fulcanelli...

O imperator (título usado pelo chefe supremo da Ordem rosacruciana AMORC) é investido, juntamente com a herança tradicional que lhe é devida, do privilégio de operar, uma vez em seu cargo, uma demonstração pública de transmutação em ouro. Foi o que realizou, em Nova York, em 1924, num grande auditório, o Dr. Spencer Lewis (falecido em 1939).

E hoje?

Encontramos, em muitos lugares, alguns nomes célebres (os de Eugène Canseliet, filho espiritual de Fulcanelli, o de Armand Barbaut, o de Roger Caro) que atestam — numa época sob muitos aspectos tão pouco favorável[28] — que a alquimia não pode absolutamente desaparecer de cena. Aliás, é difícil imaginar que uma busca tão fascinante deixe de encontrar — de tempos em tempos — quem se interesse por ela.

"No processo de transmutação e no estudo da alquimia em geral, a maioria dos princípios fundamentais do universo são revelados, o que não pode ser feito em nenhuma outra experiência de laboratório. Isso é o que torna o assunto tão interessante e tão cheio de novas e surpreendentes condições, situações, revelações[29]."

E não se trata, em absoluto, do efeito de uma moda passageira (esse entusiasmo dura, aliás, desde os anos 50, o que representa muito!), já que as publicações sobre a alquimia se tornam sempre mais numerosas e tendem sempre a crescer.

5. Os alquimistas criaram a vida?

A propósito da fantástica esperança, alimentada por certos pesquisadores modernos, de criar artificialmente a vida, seria bom es-

---

27. Reeditado nas Éditions traditionnelles, Paris.

28. Mas, em todo caso, com elementos positivos: o fim do "fixismo" químico: a disponibilidade crescente de tantos jovens para reencontrar a via iniciática e o esoterismo.

29. H. Spencer Lewis, *L'alchimie moderne* (artigo reeditado em *Rose-Croix*, n.º 84, dezembro de 1972, pp. 17-20), p. 19.

boçar um paralelo com algumas pesquisas atribuídas aos velhos alquimistas. Há, por exemplo, a estranhíssima passagem de *Paracelso* sobre a possível fabricação de um *homunculus* (homúnculo) a partir do sêmen humano convenientemente preparado [30].

Mas pode-se perguntar se os textos estranhos desse gênero não deveriam de preferência ser interpretados de uma forma simbólica: o *homunculus* seria, então, ou o "embrião metálico" que, a partir da matéria-prima, é criado para tornar-se a pedra filosofal capaz de operar as transmutações; ou poderia ser, num sentido iniciático, o novo homem que surge, glorioso, após a morte do velho homem.

Assim como ocorre com as curiosíssimas tradições rabínicas sobre o *Golem* [31], seria necessário evitar que se dê uma interpretação terra-a-terra a respeito dos fatos invocados pela lenda.

Nada nos permite pensar que os alquimistas de antanho, assim como os mais recentes, tenham tentado recriar a vida humana ou animal. É fácil descobrir a origem dessa crença popular. De um lado, temos todas as tradições e lendas sobre mágicos que teriam conseguido animar estátuas ou objetos inanimados, quer para obter respostas divinatórias, quer para fabricar para si próprios, a bom preço, um criado inteiramente passivo, a fim de executar sem rodeios tarefas automáticas ou tediosas [32]. Há também — mas estaríamos então num campo muito diferente do da magia, pois poderíamos ver aí, de fato, uma pré-figuração dos robôs e da eletrônica — os autômatos e as "cabeças falantes" fabricados efetivamente por alquimistas célebres (Gerbert, Albert o Grande, e outros).

É verdade também — detalhe importante — que, para o alquimista, tudo o que se manifesta é *vivo*: os metais, de modo algum, são substâncias inanimadas; eles vivem, evoluem, crescem e se reproduzem.

Pudemos constatar, e muito amplamente, que mesmo se tentarmos considerá-la apenas sob o aspecto concreto das operações de laboratório, a alquimia continua inseparável, de fato, não só de uma visão geral do cosmos e do homem, mas de uma ascese, de uma realização espiritual. De onde a necessidade de estudar seus aspectos filosóficos e espirituais.

---

30. *De natura rerum.*

31. Ver a importante obra de A. D. Grad: *Le Golem et la Connaissance* (mesma coleção, Éditions Dangles).

32. Em sua seção humorística, esta é a lenda do aprendiz de feiticeiro que usa cegamente a fórmula que permitia a seu senhor que lhe levassem baldes de água; mas ele ignorava a fórmula para mandar de volta a entidade invocada.

Capítulo IX

Aspectos filosóficos e espirituais

1. Experiências espirituais com suporte material

Se as experiências (simples ou complexas) realizadas no laboratório alquímico não são, de modo algum, uma fabulação, não resta dúvida de que não se trata, em absoluto (nunca será demais repeti-lo), de observações concretas que bastaria tentar traduzir numa linguagem mais positiva para descobrir todo o seu mistério. Assim como o *laboratório* (os trabalhos) e o *oratório* (a ascese interior do alquimista) se implicam uma na outra, sempre é preciso considerar os fenômenos que o "artista" observa na retorta ou no cadinho como a base concreta das etapas de uma regeneração iluminadora, de uma transformação psíquica de todo o ser (corpo e alma).

Às vezes, a descrição dos fenômenos é direta. Eis, por exemplo, um extrato das *"Doze chaves da Filosofia"*, de Basile Valentim: *"Para atingir o objetivo desejado, é preciso que seja respeitada uma certa medida na mistura da substância licorosa da Filosofia; que o maior não seja demasiado abundante e não sobrecarregue a parte menor, a fim de que o fraco não seja demasiado débil diante do mais forte e de que a geração não seja impedida e que se possa exercer uma soberania igual* [1]."

A geração de que se trata aqui é, ao mesmo tempo, a — mineral — da pedra filosofal (comparada a um embrião) e o nascimento interior, no adepto, do homem novo, regenerado.

Outras passagens misturam a descrição concreta e a intervenção de símbolos. É o caso deste trecho das *Doze Chaves* [2]. *"O homem*

---

1. P. 154 da edição preparada por Eugène Canseliet (Éditions de Minuit, 1953).
2. P. 155 da edição Canseliet.

Dragão e serpentes.
(Basile Valentin, "Les Douze Clés de la Philosophie".)

duplo ígneo [3] *deve alimentar-se de um cisne branco* [4]*; eles se destruirão mutuamente e de novo retornarão à vida* [5]*. E o ar das quatro partes do mundo se apoderará dos 3/4 do homem ígneo enclausurado* [6] *a fim de que o canto dos cisnes* [7] *possa ser ouvido e expressos os tons musicais de seu adeus.*"

Diversos autores (por exemplo, no século passado, o general americano Ethan-Allen Hitchcock e, no século XX, o psicanalista freudiano Hans Silberer e, depois, o psicólogo e filósofo Carl-Gustav Jung [8] eram da opinião de que as experiências materiais dos "artistas" teriam uma importância apenas secundária (como simples confirmações palpáveis de leis cósmicas) e que o único verdadeiro segredo da alquimia residiria, para o "artista", numa revelação intuitiva das leis da ascese iluminadora, do processo espiritual do nascimento interior do novo homem, do iniciado. Mas, se é efetivamente possível utilizar o simbolismo da Grande Obra alquímica para descrever as etapas de uma ascese interior, não fica menos patente que, para revestir sua forma verdadeiramente completa, a

3. Trata-se da conjunção das duas polaridades.
4. Trata-se da Obra em *branco*.
5. Trata-se do processo central da morte seguida de ressurreição.
6. Ao mesmo tempo: a Pedra filosofal fechada no Athanor e o Homem interior cativo do corpo físico.
7. Trata-se de um fenômeno sonoro que acompanha o aparecimento da cor branca.
8. Citemos também o filósofo francês Achille Ouy.

O grande arcano hermético com a divisa cujas iniciais formam a palavra-código VITRÍOLO.
(Basile Valentin: "Les Douze Clés de la Philosophie", edição do início do século XVII.)

O caos dos elementos.
(Athanase Kircher: "Mundus subterraneus", Roma, 1675.)

alquimia tradicional deve comportar — num estrito paralelismo analógico — tanto o paciente trabalho de *laboratório* quanto o do *oratório*. O alquimista deve saber, ao mesmo tempo, trabalhar e rezar.

Notaremos também o seguinte fato: em diversos tratados alquímicos, encontramos a descrição — sem dúvida mais ou menos camuflada em operações materiais — de viagens psíquicas realizadas em correspondência com as sete esferas astrológicas (que regem as influências do sol, da lua e dos cinco planetas: de Mercúrio a Júpiter, conhecidos dos antigos), através das séries das regiões sutis além das aparências vibratórias. Aliás (este detalhe não carece de interesse, tendo em vista o emprego tão freqüente dessa terminologia

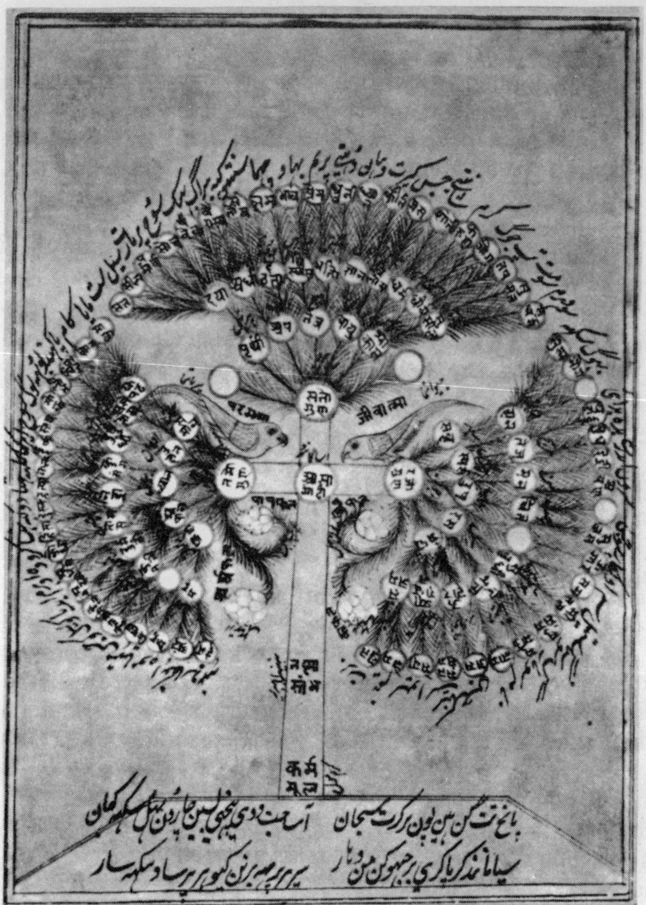

"A árvore dos séculos". Iluminura de um manuscrito tântrico hindu (Rajasthan, século XVIII.)
(Foto Ajit Mookerjee, Nova Delhi.)

pelos autores "ocultistas" modernos); é por essa razão — o papel dos *sete planetas* — que o que chamamos comumente de *o além* costuma ser qualificado, de preferência, como *plano astral*.

De qualquer modo, nada pode acontecer no plano sensível que já não tenha tido seu paralelo no plano invisível: este é um dos fundamentos teóricos da filosofia dos alquimistas.

2. Conhecimento total do ciclo terrestre

Vimos como os alquimistas se vangloriam de observar, na retorta ou no cadinho, o que ocorreu por ocasião da organização do caos primordial pela Luz divina, em outras palavras, no começo de todo o ciclo terrestre, por ocasião dos sete "dias" do Gênesis. Mas não seria o mesmo se eles descrevessem, como complemento, o que se passará no fim de um ciclo?

A literatura alquímica não deixa de conter profecias. Citemos esta, feita (em seu *Prognóstico*) por Paracelso: *"Ocorrerá uma renovação e uma mudança que nos transformarão como que em crianças que nada sabem dos artifícios e da astúcia dos velhos."*

Os dois volumes do adepto moderno Fulcanelli (*"O Mistério das Catedrais", "As Moradas Filosóficas"*) deviam ser seguidos de um terceiro livro, intitulado *"Finis gloriae mundi"* ("O Fim da Glória do Mundo"), consagrado à última fase do atual ciclo; o alquimista proíbe que seu filho espiritual (Eugène Canseliet) o publique [9] "*... Fulcanelli* — declara seu discípulo — *pediu-me de volta o pacote* (as folhas do manuscrito *Finis gloriae mundi*) *e tirou-o de mim. Sem dúvida, havia nesse livro coisas muito graves* [10]."

Mas existe uma série de livros, escritos por autores do século XX [11], nos quais encontraríamos um conhecimento espantosamente avançado dos acontecimentos do fim do século. É o caso do livro *"O outro lado"*, de Alfred Kubin, no qual a desintegração final do "Império do Sonho" simboliza, com toda a evidência, os acontecimentos do fim do ciclo terrestre [12]. Aliás, poderíamos ver nisso — o que nos levaria de volta, outra vez, ao paralelismo tradicional entre o mundo terrestre e o ser humano — uma simbolização concreta do período final (da velhice) do homem, que acaba inelutavelmente pela morte e a decomposição.

Outro autor — seria conveniente (e isso sempre é esquecido) assinalar o fato de ele ter pertencido não apenas à franco-maçonaria mas a uma sociedade concreta rosa-cruciana — singularmente informado dos ensinamentos tradicionais sobre o que costumamos chamar de *fim do mundo* (na verdade, as catástrofes cíclicas sucessi-

---

9. Robert Amadou, *Le Feu du Soleil* (Jean-Jacques Pauvert, 1978), p. 75.
10. *Ibid.*, p. 77.
11. Que estavam bem a par da filosofia alquímica.
12. *L'autre côte*, tradução francesa reeditada por Marabout.

Ilustração extraída da "História da Magia", de Eliphas Levi (1860). No centro, os dois triângulos cósmicos — com o quadrado mágico perfeito — inscritos dentro de três círculos. Junto ao contorno, os símbolos dos quatro evangelistas.

vas): Júlio Verne, cuja verdadeira importância só foi descoberta depois de ter sido reduzido, durante tantos anos, ao *status* secundário de "autor para a juventude". Num de seus últimos escritos, *O eterno Adão,* encontra-se a revelação — dura, mas lúcida — do grande segredo dos sucessivos ciclos da civilização, cada um representando para a humanidade um novo começo. Ele põe estas palavras na boca do homem que, pertencendo a uma civilização do futuro, descobrirá o testemunho patético atestando a existência, outrora, de uma cultura totalmente esquecida: *"Por este depoimento de além-túmulo* (as folhas, encontradas num tubo de alumínio, redigidas por um dos raros sobreviventes da catástrofe geológica: o súbito oscilamento dos pólos no fim do século XX, provocando o reaparecimento da Atlântida mas, em contrapartida, a submersão de todos os nossos continentes), *ele imaginava o drama terrível que se desenrola perpetuamente no universo, e seu coração estava cheio de piedade. Sangrando pelos inúmeros males sofridos por aquele que vivera antes dele, curvado sob o peso desses vãos esforços acumulados no infi-*

nito dos tempos, o Zartog SOFR-AI-SR adquiria lentamente, dolorosamente, a íntima convicção do eterno recomeço das coisas [13]."

Outro escritor — este, irlandês — William Hope Hodgson, traça, em seu pequeno romance *"A casa na beira do mundo"* [14], um quadro apocalíptico de ressonâncias bem mais longínquas ainda, pois ele nos descreve — além do desaparecimento de toda vida de nosso planeta — o fim do sistema solar e mesmo o da galáxia em seu conjunto (galáxia de que o sol nada mais é que uma de suas inumeráveis estrelas). Hodgson, como vimos, era um membro importante da sociedade secreta da "Aurora dourada" (*Golden Dawn*);

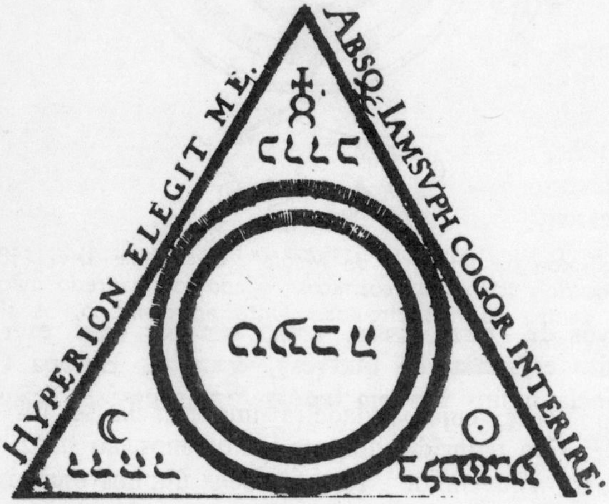

Conjunção dos três princípios cósmicos.
(Diagrama extraído de um tratado anônimo, Paris, meados do século XVII.)

se soubermos ler nas entrelinhas, deduziremos que esse autor obteve suas profecias por meio de uma operação de magia cerimonial (a descrição, na obra, da vasta caverna misteriosa é, de fato, a descrição — codificada — do templo subterrâneo no qual Hudgson realizara esse ritual).

---

13. Alínea final de *L'éternel Adam* (p. 263 da antologia *Hier et demain*, reeditada pelo "Livre de Poche").
14. Tradução francesa (no "Livre de Poche", 1970) do livro *The House on the Borderland.*

Em contrapartida a esse aspecto negativo, bem conhecido, da visão tradicional dos ciclos terrestres [15], não nos deveríamos esquecer — justa compensação da fase de involução, de queda crescente na "idade negra" (*Kâli-yuga*) — que ao fim tenebroso de um ciclo sucederá sempre, infalivelmente — justo retorno das coisas — um recomeço, um ciclo de evolução. O que nos precisa Sebastien Batfroi: "*... uma nova Idade de Ouro nos é prometida para depois dos tempos (...) todos os sinais, que se agrupam quotidianamente em cachos serrados, aí estão. Ocupamos agora a antecâmara escura pela qual se entra na ampla sala de jantar onde se celebrará a Ceia final que deve reunir todos os justos* [16]".

3. A "Melencolia" de Albert Dürer

Existe uma série de obras realizadas por artistas que não só foram grandes "inspirados", mas *iniciados,* e nos quais se encontram reunidos de fato todos os arcanos da filosofia hermética. Um exemplo significativo — de que daremos um ensaio de interpretação de conjunto — é a conhecida gravura de Dürer, que leva o título de *Melencolia.*

Os avós de Dürer, assim como seu pai (que exercia a profissão, muito estimada, de ourives), eram da Europa Central, de uma província muito rica em lendas fantásticas: a Transilvânia. O jovem Albert Dürer nasceu em Nuremberg, em 1476.

As oportunidades de contatos iniciáticos não lhe faltaram ao longo de toda a sua carreira. Citemos as relações comprovadas do artista com a grande Fraternidade dos *Bauhütte,* isto é, dos canteiros do Santo Império Romano Germânico; a presença de símbolos maçônicos em Dürer não tem, portanto, nada de espantoso para nós. Citemos também seus contatos com a *Ordem Teutônica* (de tão rica tradição secreta), assim como, parece, com as ramificações secretas alemãs (e italianas) derivadas da *Ordem do Templo.* Albert Dürer, com toda a certeza, também era membro da sociedade dos Irmãos da *Rosa-Cruz.*

---

15. A este respeito, ver muito especialmente a suma monumental de nosso amigo Jean Phaure: *Les cycles de l'humanité adamique* (Paris, Dervy-Livres, 1973).

16. Artigo em *Atlantis,* n.º 291 (janeiro-fevereiro 1977), p. 169.

Dürer jamais conheceu — é importante lembrar — períodos difíceis em sua carreira; pelo contrário, nunca lhe faltou a proteção dos grandes. O artista foi amigo de personalidades muito importantes sob diferentes pontos de vista: o humanista Erasmo, o reformador Lutero, os grandes pintores italianos Leonardo da Vinci, Mantegna e Ticiano... Dürer teve ocasião de visitar, além das diversas partes do Santo Império e da Europa Central, a Itália e os Países Baixos, onde entrou em contato com judeus portugueses, sem dúvida detentores de segredos cabalísticos.

Dürer nunca deixou de receber o apoio de seus soberanos: os Eleitores de Saxe e de Mogúncia, os Imperadores da Alemanha, Maximiliano I [17], Fernando I e Carlos V (o qual lhe deu um título de nobreza e fez dele seu pintor oficial). O artista morreu em 1528.

Nosso estudo se limitará a três de suas obras: dois quadros e uma gravura (a *Melencolia*), mas de modo particular esta última.

O jovem Dürer pintara seu auto-retrato no cardo. Por quê? Essa planta acumula as gotas do orvalho nas múltiplas concavidades de suas folhas, de onde o sentido simbólico do retrato; "o homem no cardo" é o iniciado, o homem que tem sede de conhecimento, com tanta avidez quanto as folhas do cardo bebem o orvalho, o famoso orvalho, tão caro aos alquimistas. Agora, a tela *Adão e Eva;* podemos notar que, na *Árvore da Vida,* está pendurada uma cartela que leva a assinatura *Albert Dürer,* na qual uma *Espiral* parece seguir-se ao prenome. A *Espiral* é um grande símbolo esotérico. Passemos, agora, à famosa gravura *Melencolia!* (ponto de exclamação ou I). Podemos notar o seguinte: o pequeno sinal que se insere, no cartão, entre a palavra Melencolia e o I é formado de duas *espirais* opostas pelo eixo vertical e reunidas por um losango curvilíneo, marcado, por sua vez, por um ponto central. Não seria, acaso, lícito ver na reunião — por certo proposital — desses detalhes, o símbolo particular de uma das fraternidades iniciáticas às quais pertencia o artista?

Por outro lado, a filiação de Dürer aos Maçons Operativos está expressa sem qualquer equívoco: em cima da ampulheta que aparece na gravura vemos o esquadro e o compasso. Mas outros indícios ainda podem ser tirados de certos detalhes que nos revelam de forma precisa o alto grau de iniciação alcançado pelo artista.

17. Alto iniciado alquimista e rosa-cruciano, cognominado o *Rei Branco* (título significativo) ou o *Último dos Cavaleiros,* ele foi um dos promotores da grande idéia política: a Unidade Européia.

Por exemplo: na *Melencolia* está incluído um *Quadrado Mágico*. Se somarmos os números que o compõem, obteremos sempre, horizontal ou verticalmente, o número 34. Ora, a célebre profecia de São Malaquias sobre os papas atribui a Clemente V (o cúmplice de Filipe, o Belo, na destruição da Ordem do Templo) o número 34. Quanto à data, 1514, a adição teosófica (1+5+1+4) dá 11, número importante em todas as fraternidades secretas diretamente ligadas ao Templo.

Voltando à qualidade de maçom de Albert Dürer, nota-se que a grande figura feminina usa uma coroa de folhas que lembram a acácia, planta sagrada que — na Maçonaria — é o símbolo da Imortalidade.

Enfim, o pequeno anjo segura com a mão direita um pequeno martelo, outro símbolo maçônico. Qual a interpretação de conjunto que devemos dar à gravura? Neste ponto, devem ser levadas em conta duas interpretações tradicionais que se completam.

A primeira, que se refere especificamente ao *Apocalipse de São João,* diz respeito ao terrível problema do fim do presente ciclo de manifestação. Um fiel discípulo de René Guénon, Louis Barmont, explicou-o de forma magistral em sua excelente obra: *O esoterismo de Albert Dürer: a Melencolia.*

Demos-lhe a palavra:

"O astro, evidentemente, é um cometa observado pelo artista por trás do arco-íris, durante um pesado dia de tempestade que explica a atitude do grande anjo e do animal. Se notarmos que a obra data de 1514, não podemos duvidar de que se trata do cometa que iluminou o céu do Ocidente justamente durante os anos de 1513-1514 (p.7)."

Ora, os cometas sempre foram considerados astros de mau agouro, anunciadores de calamidades. O astro de vasta cabeleira que aparece na gravura está orientado na direção Norte-Oeste-Sudeste: ele se inclina para a Balança, que, entre outros sentidos, é o signo zodiacal que corresponde ao Juízo Final, tal como é concebido pela revelação cristã: clara alusão, portanto, ao *Fim dos Tempos.*

Notaremos a presença, na parte direita da gravura, de uma *Ampulheta* que encima um *Quadrante Solar*: o artista quis simbolizar com isso o desenrolar, cada vez mais precipitado, dos acontecimentos no período terminal do Ciclo terrestre [18].

---

18. É o que hoje se chama, sem que ninguém se preocupe com seu caráter apocalíptico, a aceleração da História.

"Melencolia", gravura de Albert Dürer.

Quanto à *Escada de Sete Degraus,* ela poderá simbolizar os *"Sete Milênios"* de uma Idade do Mundo, isto é, as sete grandes divisões do Ciclo terrestre.

O cometa é concebido como um astro de fogo, símbolo do *"Sol de Justiça"* que — com o incêndio geral da Terra — provocará a completa renovação do Mundo. Mas a destruição pelo Fogo assinalará também o advento de um novo Ciclo terrestre, começando por uma nova Idade de Ouro. Este é o momento de lembrar a interpretação rosa-cruciana das iniciais I.N.R.I.: *"Igne Natura Renovabitur Integra"* — "A Natureza será totalmente renovada pelo Fogo". Como observa Barmont (p. 36):

"A prodigiosa Melencolia terá fim, já que seu conteúdo se realizou plenamente, pois, há bem pouco, e Aquele que deve vir virá: Ele não há de tardar."

Note-se, ainda, o animal fantástico, uma espécie estranha de serpente: ele simboliza o ataque final, destinado ao fracasso, dos céus pelas forças da involução: "Satã estará solto", mas será vencido pela Luz divina. Esta fase atrozmente negativa do fim do Ciclo terrestre é indispensável para que possa operar-se a futura regeneração; necessidade, portanto, para a infeliz humanidade, de beber o cálice da amargura, de assistir ao triunfo provisório das forças da involução, tão bem simbolizadas pelo vampiro (morcego) que paira sobre as ondas do Oceano.

Agora, a bandeirola. A palavra *"Melencolia"* vem seguida do que nos parece um ponto de exclamação; mas é perfeitamente possível ver aí um grande I. Esta será, de um lado, a inicial de *Ignorância,* tão característica da *Idade de Ferro;* pois é preciso que a putrefação chegue a seu termo: na gravura, nota-se um sol areento. Ora, a areia, em heráldica, corresponde à putrefação alquímica (fase negra, mas absolutamente necessária para o bom êxito da Grande Obra). No plano humano (o Microcosmo), o temperamento *melancólico* (com predominância da atrabílis ou da bílis negra) é o último dos quatro temperamentos da medicina tradicional de *Hipócrates;* ele corresponde, analogicamente, à Idade de Ferro. Mas, por outro lado, podemos ver também aí o *retorno Cíclico ao Princípio*: a letra I *representaria* então o *Iod* hebraico, a primeira letra do tetragrama (o Nome divino).

Quanto ao altivo, mas tão patético grande Anjo feminino alado, ele é o símbolo, pelo menos de acordo com Bremont, do Gênio, ou do *Regente* do ciclo terrestre que chega ao fim. Ele tem sob os joelhos o Livro Cíclico já fechado e que acaba de traçar (com o compasso) o Círculo da Manifestação que ele preside. As chaves que pendem de sua cintura abrem e fecham o Ciclo (a maior corresponde, sem dúvida, ao desenvolvimento cíclico em seu conjunto; as quatro pequenas, às quatro Idades subordinadas: a Idade do Ouro, Idade da Prata, Idade do Bronze, Idade do Ferro).

Quanto ao pequeno Anjo, ele poderia simbolizar o Regente do Ciclo vindouro. E — característica capital — ele é do sexo masculino: o dominante ativo na origem de um Ciclo, e está sentado sobre um tapete, por sua vez colocado em cima de um disco de pedra: no vazio axial deste se inserirá o cubo da nova Roda Cósmica. Sobre os joelhos, o pequeno Anjo segura — com a mão esquerda — uma prancha de desenho. E contempla a Esfera perfeita, que representa o próximo Ciclo em sua origem.

Mas há uma outra grande interpretação esotérica tradicional; neste particular, seguiremos as anotações de nosso amigo G. A. Mathis: a *Melencolia* se tornará, então, um quadro que nos mostra a própria *Iluminação iniciática.* Notemos o Arco-Íris, símbolo da Aliança do Céu e da Terra. Ele tem Sete cores: as seis cores fundamentais, mais uma sétima que — invisível — realiza a síntese das demais.

Note-se, nessa gravura, a importância do Simbolismo tradicional da *Navegação*: vemos navios que se refugiam numa baía abrigada das tempestades do Oceano; bem perto, está o porto, encolhido no meio das árvores. Símbolo da travessia que liberta da "corrente das formas", da conquista, seja de um estado determinado, seja até (a iluminação suprema) do centro último — o Meio Invariável, a Identidade Suprema de todos os seres e de todas as coisas, além das limitações e particularizações.

Quanto ao astro que ilumina as águas oceânicas, não corresponderia ele a esse *"Sol negro da Melancolia"*, tão magnificamente cantado por Gérard de Nerval? O Astro tem um disco de luz branca, mas que irradia por toda parte raios escuros. É a *Luz na Trevas* ("Lux in tenebris") do Evangelho de São João, com seu rico simbolismo alquímico.

A Virgem alada, por sua vez, está em meditação; ao mesmo tempo, ela *mede,* com a ajuda de um *compasso.* A seus pés, os instrumentos do carpinteiro (cujo patrono é São José): o formão, os pregos[19], a régua, a planina, a serra manual. Notemos a esfera, a mais perfeita das figuras sólidas: o trabalho iniciático não deve, acaso, tender para a perfeição?

Mas a gravura também mostra a Pedra talhada, a Pedra trabalhada e a Pedra furada — de onde parte o eixo vertical: o *Caminho do Céu,* simbolizado pela *Escada* que une o Céu à Terra. A Escada repousa sobre um Pentagrama: 5 é o número da Harmonia, do centro, a metade de 10, Número da Perfeição.

A Geometria sagrada nos é lembrada pelo *Quadrado Mágico.* Note-se que ele é encimado por um sino que tem ao lado uma campainha. Aí também teríamos um simbolismo muito importante: o da propagação das vibrações sonoras (um dos aspectos do grande mistério rosa-cruciano da *Palavra Perdida*).

Sobre uma das faces da Torre encontra-se a *Ampulheta,* símbolo tradicional da duração do Devir terrestre. Por outro lado, a bipartição da Ampulheta evoca também o seccionamento inicial, em duas partes, do *Ovo do Mundo,* de que emanaram todas as coisas no início do Ciclo. A *Torre Quadrada* corresponde à XVI lâmina do Tarô: a *Casa-de-Deus.*

A criança olha para a Pedra cortada em múltiplas facetas: dois Pentágonos são aí bem visíveis e podemos discernir os contornos de um triângulo.

Poderíamos escrever um longo epílogo a respeito do simbolismo dessas figuras geométricas. Para o iniciado, trata-se de conseguir a redução do cristal gigante numa pedra cúbica ou, em outro simbolismo, trata-se de passar das facetas para o próprio diamante.

Enfim, o animal à esquerda não é uma ovelha, um cordeiro ou um carneiro, mas um cão, é verdade que de uma raça especial: trata-se de um *galgo.* Esse galgo simboliza o que as iniciações chamam de Guardião do Limiar, que rege a passagem do estado grosseiro para o estado sutil.

Para *"descer aos infernos",* é preciso domar o guardião vigilante (mesmo adormecido, ele está com um olho aberto) que guarda a sua entrada: episódio mitológico de *Hércules* e do *Cérbero.* Como Hércules, o iniciado deve domar (ou adormecer) o vigilante guardião que vela no limiar dos Mistérios.

---

19. Mais exatamente, sem dúvida, os quatro pregos da Cruz de Cristo, os que "crucificam o mundo".

Tais são alguns dos significados profundos que surgem ao exame da *Melencolia* de Albert Dürer. Mesmo limitando-nos a essa obra tão célebre, é impossível compreender a atividade artística desse homem sem nos lembrarmos de sua qualidade maior: a de ter sido um *iniciado,* no sentido forte e preciso do termo.

4. A arte alquímica

Um estudo, mesmo sumário, das relações históricas entre as artes e a alquimia tradicional não poderia deixar de revelar surpresas. Existem, por exemplo, certas habilidades pelas quais os mestres vidreiros da Idade Média sabiam — isso pode ser constatado na catedral de Chartres — fabricar azuis cujo segredo até hoje não foi descoberto por seus sucessores, mesmo os mais hábeis; não seria o caso de supor que esse conhecimento lhes foi transmitido por alquimistas? Isso é tanto mais provável pelo fato de ter havido, na época da construção das grandes catedrais góticas, laços muito estreitos entre os mestres-de-obra, os canteiros e os alquimistas. A célebre obra de Fulcanelli, *O mistério das catedrais,* não se enquadra, de modo algum, dentro do domínio das hipóteses ousadas ou da fabulação. Basta constatar a presença de motivos alquímicos nas figuras da porta principal de Notre-Dame de Paris para perceber que as interpretações de Fulcanelli de modo algum obedecem ao sabor de sua fantasia. Se subirmos às torres, poderemos até, entre as gárgulas grotescas ou monstruosas, notar a figura insólita de um homem com um barrete frígio à cabeça. Este, que na Antigüidade clássica era o chapéu usado pelos homens livres, não simbolizaria, acaso, a libertação do alquimista em relação aos conhecimentos profanos?

Além dos edifícios religiosos, é preciso não esquecer — durante a Idade Média e o Renascimento — as numerosas *moradas filosofais* (para citar o título da segunda obra de Fulcanelli), isto, é, aqueles suntuosos castelos e mansões em que residiam os alquimistas e em cuja decoração é comum o uso de símbolos alquímicos.

A França, para limitarmo-nos a ela, é particularmente bem servida sob esse aspecto. De um lado, o palácio Jacques-Coeur, em Bourges, construído pelo grande argentário de Carlos VII, Jacques Coeur. De outro lado, o magnífico castelo do Plessis-Bourré [20] construído — também no século XV — por outro financista apaixonado pela al-

20. Ao norte de Angers.

quimia, Jean Bourré du Plessis, um dos ministros de Luís XI. O soberbo teto em caixotes da sala da guarda é ornado por uma série de pinturas simbólicas, cujo sentido hermético foi elucidado pelo alquimista Eugène Canseliet [21].

Aliás, na nossa opinião, essa sala suntuosa não pode ter sido uma simples sala da guarda: não poderíamos ver aí também, e com mais propriedade ainda, um lugar ritual de reuniões secretas entre iniciados?

No que respeita ao fim da Idade Média, ao Renascimento, ao grande século e mesmo no que toca a uma época tão tardia quanto o século XVIII, existe um número muito grande de desenhos, de pinturas e de gravuras alquímicas [22]. Muitas dessas gravuras podem ser encontradas na excelente obra (uma verdadeira suma) de Jacques Van Lennep: *Arte e Alquimia* [23], assim como no volumoso livro de Carl-Gustav Jung: *Psicologia e Alquimia* [24].

Nem devem ser motivo de estranheza as relações tão íntimas que, em determinadas épocas, travaram-se entre a arte e a alquimia.

Serge Monier faz esta observação pertinente: "*... a alquimia, não sem razão, era chamada de a Grande Harmonia, onde os sons, as cores e os pesos progridem simultaneamente, em idênticas proporções, obedecendo ao ritmo da Natureza, segundo uma progressão muito simples e aritmeticamente preestabelecida* [25]." Ora, a arte do passado supunha sempre, entre seus criadores, a existência de um perfeito domínio da necessária técnica; estava-se nos antípodas das apologias contemporâneas da espontaneidade, do fortuito, ou seja, da dissociação em arte.

5. Uma ascese

Ora, lege, lege, lege, relege, labora et invenies (Ora, lê, lê, lê, relê, trabalha e encontrarás): essa é uma famosa ordem latina dada pelo mestre ao alquimista. Mas não se trata de uma simples apologia da oração e do esforço. A alquimia por seu aspecto espiritual, apresenta-se como uma ascese: assim como o adepto deve permitir,

21. *Deux logis alchimiques,* Paris (Jean Schemit), 1951.
22. As esculturas, em contrapartida, são pouco numerosas, ao contrário do que ocorreu no tempo das catedrais góticas.
23. Bruxelas (Meddens), 1966.
24. Tradução francesa pelas Éditions Buchet-Chastel (Corréa), Paris.
25. Número especial de *Atlantis* sobre o congresso de 1977, p. 181.

deve operar a transformação da matéria-prima decaída em ouro precioso, brilhante e inalterável, assim o homem deve purificar-se, livrar-se de todas as suas escórias, de modo a permitir sua regeneração, sua metamorfose perfeita, sua transformação no ouro puro ao qual é comparado o estado humano glorioso antes da queda.

Seria impossível compreender a alquimia tradicional sem fazer intervir essa estrutura fenomenológica central de uma queda original (do homem — mas também de toda a Terra) a que deve seguir-se uma redenção ativa (a do homem — mas também a do mundo em seu conjunto). Esse é o motivo pelo qual a alquimia se acomodou tão bem à Idade Média (embora tenha existido muito antes do cristianismo) do esquema ciclológico cristão. É, aliás, importante constatar como a alquimia tradicional se opõe à idéia moderna de um

Busto do apóstolo São Tiago, o Maior. (Catedral de São Tiago de Compostela.) (Arquivos fotográficos do Escritório Nacional Espanhol de Turismo; foto F. Catala Roca.)

progresso indefinido: é no passado, na origem do ciclo terrestre, que está situada a Idade de Ouro. Mas é verdade que, no fim extremo da involução teria início um novo ciclo, com uma nova idade de ouro. É verdade, também, que seria preciso assinalar uma diferença entre o fato de situar essa idade de ouro — inaugurando um novo ciclo terrestre — em nosso próprio planeta e a convicção daqueles (por certo menos numerosos) que antes se inclinariam a identificar, pura e simplesmente, o fim do atual ciclo e o fim de nosso planeta.

A primeira posição é a dos intérpretes clássicos das profecias bíblicas e do Apocalipse. Encontramo-la, por exemplo, em Jules-Constant Salémi, que escreveu[26]: "*datas teóricas (do fim da Idade Negra?): 2034-2037-2058. Fim da antiga civilização. Nascimento da Nova Era*[27] *e do Milênio de Cristo*[28], *num clima calmo, sadio, limpo e puro. É a lavra que precede a semeadura. Ela apaga todos os vestígios da colheita precedente; a nova colheita será feita num terreno amanhado e purificado*".

Em linguagem alquímica, poderíamos dizer que, para que a geração e, depois, a ressurreição se tornem possíveis, é absolutamente necessário ir até o fim da fase de putrefação. O outro ponto de vista pode ser encontrado nas observações de um alquimista atual, Serge Monier[29]: "*preparar a primavera do Aquário, sem perder de vista que o fim de Peixes poderia bem ser o advento de uma Idade de Ouro espiritual num mundo diferente deste, um mundo que seria o da Jerusalém Celeste, isto é, o meio primordial reconstituído pelo Logos, para aí reservar o lugar de seus discípulos*".

O que é específico da alquimia tradicional é, sem dúvida alguma, o seguinte: seu caráter sempre secreto. Eis, aliás, por que seus símbolos não são, em absoluto (ao contrário do que ocorre com a nomenclatura dos químicos modernos), simples figurações ligadas por convenção a este ou àquele corpo, a esta ou àquela operação. Seus símbolos mergulham na realidade, participam dela. Outra característica fundamental: uma total convicção intuitiva da unidade de todas as coisas (*En tô pan,* "Um o todo", para retomar a fórmula que os alquimistas gregos inscreviam no centro do círculo cósmico formado pela serpente ou o dragão que morde a própria cauda). A multiplicidade, por mais diversa que possa ser por suas manifestações, apóia-se numa organização única (num Plano sintético), onde encontraríamos sempre — mas em diferentes registros de correspondências — as mesmas leis fundamentais. Ser bem sucedido na Grande Obra alquímica será sempre o mesmo que conhecer (teremos constatado concretamente os diferentes modos de manifestação) as leis cósmicas, as que regem toda realidade, toda

---

26. P. 57 do livro *Pélerinage à Jérusalem* (Paris, Ed. de la Pensée moderne, 1976). Ver, muito especialmente: *Message de l'Apocalypse* (Saint-Leu-la-Forêt, Ondes vives, 1965), que é uma verdadeira suma.
27. A do Aquário.
28. O famoso Reino de Mil anos.
29. P. 186 de sua comunicação reproduzida no número especial da revista *Atlantis* sobre o Congresso, 1977.

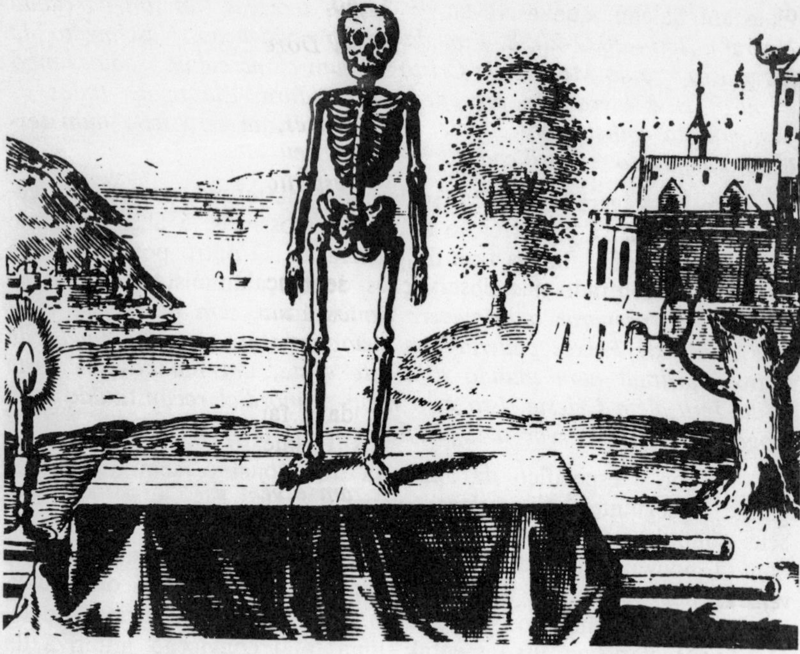

A ressurreição do cadáver.
(Gravura do "Rosarium philosophorum", de Stolcius, fim do século XVI.)

manifestação; a prática da alquimia põe em jogo uma percepção exaustiva das leis do Universo ... e das leis do Homem. O adepto torna-se capaz de ir além das oposições, das contradições que se afrontam no nível dos fenômenos: quando podemos vê-las do alto, do ponto de vista do equilíbrio geral das leis cósmicas, essas oposições não se resolvem, acaso, por si mesmas?

O alquimista constata o modo pelo qual as leis válidas para as realidades superiores valem também para o plano das aparências materiais. Mesmo que se trate, para o "artista", de ir além delas, por exemplo, de elevar-se do corpo físico para o corpo glorioso, o de Adão antes da Queda que engendrou (embora se tratasse de um processo necessário) a velhice e a morte, a alquimia suscita igualmente a necessidade de uma sobrevida corporal dos indivíduos (e da espécie) assegurada pela procriação.

Reproduzamos outra passagem das *Doze Chaves da Filosofia*, de Basile Valentin[30]:

"Pois todas as árvores, ervas e raízes, assim como todos os metais e minerais, recebem suas forças, seu alimento e seu crescimento do espírito da terra, porque o espírito, que é a vida, é alimentado pelos astros e proporciona, em seguida, seu alimento a tudo o que vegeta."

Transcreveremos também uma sentença de Roger Bacon: *"Aprender as relações entre os elementos é útil, pois eles fazem com que compreendamos melhor a relação entre Adão e Eva e a saborear os frutos do Paraíso*[31]."

Mas não teríamos de invocar ainda a famosa *Tábua de Esmeralda*, atribuída ao legendário Hermes Trismegisto?

"Assim como todas as coisas vieram e vêm do um, assim todas as coisas nasceram dessa coisa única por adaptação.

O sol é seu pai, a lua, sua mãe, o vento carregou-a em seu ventre.

(...)

É então a força forte de toda força; pois ela vencerá tudo o que é sutil e penetrará tudo o que é sólido.

Assim o mundo foi criado."

Hermes Trismegisto, "o três vezes grande"... Mas o alquimista não constatará em seus trabalhos esse paralelismo dinâmico da Trindade divina, os três planos da manifestação, os três princípios (o Enxofre, o Mercúrio, o Sal), assim como os três componentes do ser humano (o corpo físico, a alma e o espírito mediador)?...

Há necessidade absoluta também, para o alquimista, de ousar descer em si mesmo, às profundezas desconhecidas de seu ser. Citemos uma passagem de Ali Puli (Alipili) (alquimista do século XVII, de origem moura):

---

30. P. 144 da edição Canseliet.
31. *Liber Alchimia.*

"Mas eu to declaro, quem quer que sejas, que desejas mergulhar nas profundezas da natureza: se o que procuras não o encontras em ti mesmo, não o encontrarás jamais fora de ti. Aquele que ambiciona o primeiro lugar nas fileiras dos estudiosos da natureza jamais encontrará um campo de estudo mais vasto ou melhor do que ele próprio."

Conhece-te a ti mesmo e conhecerás o universo e os deuses: essa sentença (que Sócrates tomara por divisa) achava-se inscrita no frontão do templo de Delfos. Pensemos também nesta sentença hindu: Krishna, pedindo a sua mãe adotiva que olhe em sua boca. Que vê ela aí? O espetáculo de todas as maravilhas da natureza... Iluminação — revelando tanto as leis (em estrita correspondência) do Livro da Natureza (*o do Macrocosmo*) quanto as que regem o Livro do Homem (*o do Microcosmo*) — que só se torna possível pela ascese purificadora:

"Da separação entre o puro e o impuro, a alquimia recolhe o fogo purificador pelo qual as almas dos fiéis são depuradas, antes que se tornem felizes no céu [32]."

Não se pode deixar de lembrar sempre o caráter *sagrado* da busca perseguida pelo alquimista, o que bastaria, também, para distingui-la radicalmente da ciência ou das técnicas modernas. Eis uma belíssima passagem do tratado de Irineu Philaletho, intitulado *"A entrada aberta para o palácio fechado do Rei"* [33]:

"Quando vires sua estrela, segue-a até o berço, e aí encontrarás a bela criança [34]*. Escrutando o céu químico, e percebendo o Astro, sábio se rejubilará; o louco fará pouco caso dele e não se instruirá na sabedoria, mesmo quando tiver visto o pólo central voltado para fora e marcado com o sinal reconhecível do Todo-Poderoso."*

Os alquimistas cristãos — e isso é muito significativo — não deixavam de estar convencidos da existência (não excluindo o sentido religioso corrente, aliás) da significação alquímica dos dois versetos do Novo Testamento que, julgavam eles, se referiam à Pedra Filosofal e não apenas à Igreja. Primeira passagem, a do Evangelho de São Mateus, XVI, 18:

---

32. Pierre-Jean Fabre, *Alchymista christianus* (1632), capítulo 20, tradução de Eugène Canseliet.
33. Reedição pela editora Denoël (Paris, 1973), p. 31.
34. Os alquimistas cristãos instauram uma analogia simbólica entre a Pedra Filosofal e o Menino Jesus.

"E eu digo que és Pedra, e que sobre essa pedra eu edificarei minha Igreja, e as portas do inferno não prevalecerão contra Ela."

Segunda passagem, a que se encontra na primeira Epístola de São Pedro, no capítulo II: *"Por cuja causa se encontra na Escritura o seguinte: Eis aí, ponho eu em Sião* [35] *a suprema pedra angular escolhida, preciosa; e o que nela confiar não será enganado. Portanto honra para vós crentes; mas, para os incrédulos, a pedra que os construtores rejeitaram foi posta aqui por cabeça de ângulo."*

O laboratório e o oratório.
(Henri Khurath, "Amphitheatrum Sapientiae aeternae", 1601.)

---

35. Jerusalém.

6. Alquimia e sociedades secretas

É muito natural que se descubra a existência de laços históricos muito íntimos entre a alquimia e certas sociedades secretas. De um lado, há a existência insofismável de alquimistas que, em vez de permanecerem isolados, integraram-se num cenáculo iniciático de "filho de Hermes" [36].

Por outro lado, há a problema — considerável — da influência da tradição alquímica sobre a franco-maçonaria. O que há nada mais é que a feição toda alquímica do décimo-oitavo grau (Rosa-Cruz) do Rito Escocês Antigo e Aceito, com o papel central dado à busca da *palavra perdida,* que deve ser encontrada na *terra santa,* no *centro primordial* de onde o homem foi exilado. Mas o simbolismo alquímico representa também seu papel não só nos outros graus superiores, mas desde o estágio dos três degraus corporativos (Aprendiz, Companheiro, Mestre)[37]. Não é, por certo, efeito do "acaso" se, por ocasião de sua passagem pela sala de reflexão (rito preliminar), o recipiendário do primeiro grau (o de aprendiz) descobrirá símbolos alquímicos e a fórmula V.I.T.R.I.O.L., formada com as iniciais de cada uma das palavras: *Visita Interiora Terrae Restificando Invenies Occultum Lapidem* (Visita as partes interiores da Terra, e encontrarás a Pedra oculta). Descer em si mesmo, mergulhar nas profundezas do próprio ser: eis a condição necessária preliminar para o novo nascimento do iniciado; com a assimilação simbólica do mundo subterrâneo no seio materno, no qual se desenvolverá o embrião [38]. Mas toda iniciação não é, acaso, um novo nascimento?

O tema das relações entre a alquimia e os diversos movimentos esotéricos e espiritualistas será tratado mais pormenorizadamente em outras obras, que serão publicadas nesta mesma coleção e tratarão, cada uma, de uma escola de pensamento bem definida: *Franco-Maçonaria, Rosa-Cruz,* etc.

(JEAN-PIERRE BAYARD)

---

36. Assinalemos a Fraternidade dos *Frères d'Héliopolis,* à qual pertencia Fulcanelli.

37. Cf. Jean-Pierre Bayard, *Thesaurus Latomorum,* Paris (Ed. du Prisme), 1975, 2 vols.

38. Cf. Jean-Pierre Bayard, *La symbologie du monde souterrain,* Paris (Payot), 1974.

A árvore filosófica e os símbolos da Grande Obra.
Notar os sinais de reconhecimento trocados pelos dois personagens. (Stolcius: "Rosarium philosophorum", fim do século XVI.)

Conclusão

Por que esse fascínio crescente, mesmo entre os jovens de hoje, pela antiga alquimia?

Seria porque os alquimistas teriam ultrapassado nossos modernos "desintegradores de átomos"? Absolutamente. Vimos até que, se os adeptos acreditaram na possibilidade de realizar transmutações metálicas, se acreditaram na unidade fundamental da matéria, existe uma diferença, desde o início, entre os objetivos da alquimia tradicional e os da física nuclear:

"É muito agradável constatar, escreve Jean-Jacques Libert [1], *que, enquanto eles* (os alquimistas) *se esforçavam para fabricar ouro a partir de metais menos nobres, em torno deles, na natureza, efetuavam-se constantemente transformações que, pelo contrário, resultavam num metal considerado por eles como vil: o chumbo. Os físicos de nosso tempo sabem realizar artificialmente um grande número dessas mutações."*

O que fascina o homem de hoje, pelo contrário, é o que, na alquimia, parece ultrapassar irremediavelmente o domínio científico para desembocar num domínio de evasão imaginativa em que o fantástico e a ficção científica tomaram, hoje, o lugar dos contos e lendas simbólicas de antigamente.

O velho sonho humano de atingir um conhecimento total, de apreender todos os segredos, de elevar-se a uma existência absoluta, que não teria mais nem começo nem fim... Conseguir libertar-se de todos os limites materiais, incluindo o do envelhecimento e da morte...

Tornar-se onisciente e todo-poderoso...

Esse é o motivo pelo qual seria tão absurdo esperar o advento de uma época em que as esperanças dos alquimistas deixariam de

---

1. *L'énergie atomique* (Hachette).

interessar à curiosidade dos homens como o de um tempo em que a pesquisa, mesmo vã, dos tesouros escondidos tiver perdido sua auréola de fascinação...

Mesmo que os objetivos da alquimia tenham sido alcançados (e, pelo que nos concerne, julgamos isso provável), tal vitória situar-se-á sempre além de todas as verificações científicas concebíveis.

E terminaremos lembrando a lenda — que tanto fascinou os alquimistas e que jamais perderá seu poder sobre os iniciáveis — do Santo Graal, esse cálice que, de acordo com a tradição hermética, teria sido talhado na enorme esmeralda que, por ocasião da queda dos anjos, desprendera-se da fronte de Lúcifer (cujo nome latino significa: *O que leva a luz*)... Mas a alquimia não toca em arquétipos que, de acordo com os casos — esta é a eterna ambivalência das magias —, poderão ser "luz" ou "trevas", evolução ou involução? Simbolismo do mundo subterrâneo... Simbolismo dos metais... Simbolismo da serpente...

Leia também

MAGIA APLICADA

Dion Fortune

Magia Aplicada constitui uma seleção de escritos acerca dos diferentes usos das práticas mágicas e ocultistas. São trabalhos valiosos e indicadores muito sugestivos que apontam na direção do crescimento da consciência interna. "O Caminho Oculto", "Algumas Aplicações Práticas do Ocultismo", "A Psicologia do Ritual", "Não-humanos", "Magia Negra" e "Um Corpo Mágico", a par do relato de caráter histórico denominado "O Campo do Ocultismo na Atualidade", são alguns desses trabalhos que, sem dúvida alguma, abrirão ao leitor uma via prática rumo ao Oculto. Como diz a Autora: "Sentimos que determinada forma de problema repete-se muitas vezes na vida de uma mesma pessoa. Deve haver, na nossa constituição, algum fator proeminente que afasta as forças invisíveis. A única maneira de se estabelecer relações com tais forças é modificar o caráter por meio da meditação (. . .) São essas as aplicações do Ocultismo e, para colocá-las em uso, não precisamos ser adeptos. O tempo todo estamos criando formas-pensamento de diferentes tipos. Nossos pensamentos não somente nos influenciam como também formam canais de ingresso atratores das correspondentes forças cósmicas. Se você se cerca de pensamentos de ódio, estará atraindo um tipo de ódio cósmico para si próprio. O ocultista tem um método para classificar essas forças. O ocultismo resolve todos esses problemas. Nós temos um sistema desse tipo na Árvore da Vida, da Cabala, e as crenças nela ocultas podem ter grande valor na vida, uma vez que explicam o grande poder da mente e os estreitos limites nos quais a mente labora (. . .) Cada vez mais tais doutrinas deveriam impregnar nosso pensamento."

GUIA PRÁTICO DE ALQUIMIA

Frater Albertus

O *Guia Prático de Alquimia* constitui uma das maiores contribuições já oferecidas sobre a matéria, para cuja importância no desenvolvimento do processo de desdobramento da consciência individual (o que ele denominou de *processo de individuação*) o grande psiquiatra suíço Carl Gustav Jung inúmeras vezes chamou a nossa atenção. Em vista disso, numa linguagem muito colorida, aqui se revelam, para os leitores interessados, ensinamentos que noutras épocas foram mantidos sob o sinete do mais bem guardado dos segredos. Pela primeira vez pode-se oferecer ao estudioso das coisas ocultas um manual redigido em linguagem clara, concisa e de sentido eminentemente *prático,* tanto é verdade que nele se discutem os princípios fundamentais da Alquimia, seguidos de instruções para a montagem de um laboratório caseiro de custo acessível à economia do leitor médio, bem como de figuras que ilustram o equipamento requerido.

Para o Autor, a Alquimia constitui o ponto de "elevação das vibrações". O apresentador da obra, Israel Regardie, afirma ser o alquimista não apenas pessoa interessada na purificação dos metais e na eliminação dos males e doenças da raça humana, como também aquele que sustentava ser a Alquimia, afora tratar-se de Ciência e Arte, um ramo do conhecimento capaz de proporcionar meios para se alcançar a síntese das demais ciências, além de contribuir com subsídios para o treinamento das faculdades espirituais e intelectuais. Àqueles que acreditam ser a Alquimia tão-somente a Química em seu mais precário estágio, adverte Helena Petrovna Blavatsky:

"Num aspecto superior, [a Alquimia] professa a regeneração do homem espiritual, a purificação da mente e da vontade, o enobrecimento de todas as faculdades da alma. Em seu mais baixo aspecto, trata das substâncias físicas e, em pondo de lado o reino da alma vivente para descer até à matéria morta, deságua na ciência química dos nossos dias. A verdadeira Alquimia é um exercício do mágico poder do livre-arbítrio de natureza espiritual do homem. Por isso é que a Alquimia não pode ser praticada a não ser por aquele que renasceu em espírito."

EDITORA PENSAMENTO

Editora Pensamento

Rua Dr. Mário Vicente, 374
04270 São Paulo, SP
Fone 63-3141

Livraria Pensamento

Rua Dr. Rodrigo Silva, 87
01501 São Paulo, SP
Fone 36-5236

Gráfica Pensamento

Rua Domingos Paiva, 60
03043 São Paulo, SP
Fone 270-3033